Spanish
WORKBOOK

Phil Turk

Workbook series devised by Lynne Strugnell

Spanish Workbook written by Phil Turk

Handwriting font © Henry Bloomfield 1994

© 1994 Berlitz Publishing Co., Ltd.

Berlitz Publishing Co., Ltd., Berlitz House, Peterley Road, Oxford OX4 2TX, UK

Berlitz Publishing Co., Inc., 257 Park Avenue South, New York, NY 10010, USA

ISBN 2-8315-1322-7

First Printing 1994. Printed in UK.

CONTENTS

Introduction

For over a century, Berlitz language courses and books have helped people learn foreign languages for business, for pleasure and for travel – concentrating on the application of modern, idiomatic language in practical communication.

This *Berlitz Spanish Workbook* is designed for students who have learned enough Spanish for simple day-to-day communication and now want to improve their linguistic knowledge and confidence.

Maybe you are following an evening class or a self-study course and want some extra practice – or perhaps you learned Spanish some time ago and need to refresh your language skills. Either way, you will find the *Berlitz Spanish Workbook* an enjoyable and painless way to improve your Spanish.

How to Use the Workbook

We recommend that you set yourself a consistent weekly, or, if possible, daily study goal – one that you can achieve. The units gradually increase in difficulty and have a continuous storyline, so you will probably want to start at Unit 1.

Each unit focuses on a specific topic or situation: introducing yourself; eating out; travel; leisure activities and many more. Within the unit you will find exercises and word puzzles that build your vocabulary, grammar and communication skills. The exercises vary, but each unit follows the same basic sequence:

Match Game	relatively easy matching exercises that introduce each topic
Talking Point	a variety of exercises based on lively, idiomatic dialogues. Read these dialogues thoroughly, as they introduce the language you will use in the subsequent exercises
Word Power	imaginative vocabulary-building activities and games
Language Focus	specific practice in problem areas of grammar
Reading Corner	challenging comprehension questions based on a short text
Write Here	short writing tasks using key vocabulary and grammar from the previous exercises

We have provided space for you to write the answers into your Workbook if you wish, although you may prefer to write them on a separate sheet of paper.

If you want to check the meaning of a Spanish word, the Glossary at the back of the Workbook gives you its English translation. The Grammar section offers a handy overview of the essential structures covered in this Workbook, and you can check all of your answers against the Answer Key.

We wish you every success with your studies and hope that you will find the *Berlitz Spanish Workbook* not only helpful, but fun as well.

UNIT 1 : All about me

In Unit 1 you will find practice with giving your name and address, simple introductions, and talking about nationalities.

Match Game

1. Verbs *ser* and *estar* to be

Match the words in the box on the left with the appropriate form of the two verbs.

nosotros los Sres Pérez vosotros
ella él yo usted Miguel
Pablo y tú tú Rosa y yo
ustedes ellos el coche

soy eres es
estoy estás está

somos sois son
estamos estáis están

Talking Point

2. Introductions

This morning Emilio Torres has an interview for a new job. He has just arrived for the interview. Read the conversation, and fill in each of the blanks with one of the words given below.

estás	quiere	perdone	es	soy	conocer	me llamo	está

Emilio   Buenos días.

Cristina Buenos días. ¿El señor Vicente?

Emilio   No, mi nombre _____ Torres. _____ Torres, Emilio Torres.

Cristina ¡Ah! ¡Señor Torres! ¡ _____ usted! ¿Cómo _____ usted? _____ Cristina Ramírez.

Emilio   Encantado de _____ la, señora Ramírez.

Cristina ¿ _____ tomar café o un refresco?

Emilio   Café con leche, por favor.

Cristina ¡Susana! ¡Susana! ¿Dónde _____ ?

Susana   Perdona. ¿Sí?

Cristina Susana, tráenos un café con leche y un jugo de naranja, por favor.

Word Power

3. Countries and nationalities

Complete the table.

Country	Nationality
España	español
Francia	
Inglaterra	
	colombiano
	coreano
Italia	
Estados Unidos	
	mejicano
Japón	
	brasileño
Perú	

4. Numbers

Rearrange the letters to find the numbers, and then match the words to the numbers.

sert _____

cooh _____

isse *seis* _____

sdo _____

nou _____

zide _____

ceno _____

iconc _____

rucota _____

coed _____

evenu _____

etise _____

Language Focus

5. *Ser* or *estar*?

Choose the correct verb.

1. Emilio es/está _____ contento hoy porque tiene una entrevista para un nuevo trabajo.

2. Emilio es/está _____ ingeniero.

3. El nuevo trabajo es/está _____ en Villaverde.

4. Emilio es/está _____ esperando en recepción.

5. Los muebles son/están _____ muy cómodos.

6. - Mi nombre es/está _____ Emilio Torres.

7. - Soy/estoy _____ ingeniero.

8. - Soy/estoy _____ aquí para una entrevista.

9. - Soy/estoy _____ encantado de conocerla.

10. - Por favor, ¿dónde son/están _____ los servicios?

6. Negatives

Look at the pictures, and make sentences as in the example.

Example:

~~Torres~~ Vicente

No es el señor Torres.

Es el Señor Vicente.

1. _____
   Es española.

2. _____
   Son de Barcelona.

3. _____
   Es té.

4. Su nombre _____
   Es Juan Carlos.

5. _____
   Estoy casada.

1.
~~francesca~~ española

2.
~~Madrid~~ Barcelona

3.
~~café~~ té

4.
~~Pedro~~ Juan Carlos

5.
~~soltera~~ casada

Reading Corner

7. Personal information

Look at the information on Emilio's application form. Then put the lines of the description into the correct order and write them out below.

HOJA DE SOLICITUD

NOMBRE Y APELLIDO: Emilio Torres

DIRECCION: Calle del Bosque, 28, Pontevedra

EDAD: 31

SOLTERO/~~CASADO~~

casado, está soltero. Tiene
Emilio Torres es español. Es de
León. Tiene 29 años.
Calle del Bosque, 28. No está
Rosa. Es de
Pontevedra. Su dirección es
31 años. Su novia se llama

Write Here

8. All about you

Write sentences about yourself.

Example: (nombre y apellido) Me llamo Cristina Ramírez.

Datos personales

Nombre y apellido: _____

Dirección: _____

_____

Nacionalidad: _____

Edad: _____

Soltero/casado: _____

UNIT 2: I've got a new job.

In Unit 2, you will talk about your family, ask how old someone is, and talk about jobs.

Match Game

1. Question and answer

Match each question to an appropriate response. Note that there is one response too many.

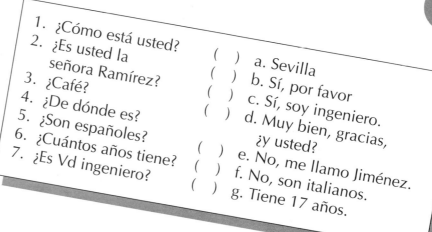

1. ¿Cómo está usted?
2. ¿Es usted la señora Ramírez?
3. ¿Café?
4. ¿De dónde es?
5. ¿Son españoles?
6. ¿Cuántos años tiene?
7. ¿Es Vd ingeniero?

( )
( )
( )
( )
( )
( )
( )

a. Sevilla
b. Sí, por favor
c. Sí, soy ingeniero.
d. Muy bien, gracias, ¿y usted?
e. No, me llamo Jiménez.
f. No, son italianos.
g. Tiene 17 años.

Talking Point

2. *un* or *una*?

Emilio's job interview was successful. After he gets home, he calls his girlfriend Rosa to give her the news. Fill in the blanks in their conversation with *un* or *una*.

Rosa   ¿Diga?

Emilio   ¡Hola! Soy Emilio.

Rosa   ¡Hola, Emilio!

Emilio   ¡Oye! ¡Tengo _____ puesto de trabajo!

Rosa   ¡Tienes _____ nuevo puesto! ¿Dónde?

Emilio   Vacasa Internacional. Es _____ empresa de viajes, _____ empresa internacional de viajes. Tengo _____ puesto, y _____ oficina y _____ jefa simpática.

Rosa   ¿ _____ jefa, dices? Tu jefe es _____ mujer? ¿Cuántos años tiene? ¿De dónde es? ¿Está soltera?

Emilio   ¡No te preocupes! Está casada. Tiene marido y _____ familia de tres niños! Pero ¡es _____ mujer muy bonita!

Word Power

3. How old are you?

Look at the chart and complete the sentences, using the correct form of *tener*.

NAME	AGE
Juan	24
Rosa	29
Susana	32
Pedro	32
Yo	43
María	43
María y yo	43
Antonio	65
Tú	14
Usted	56

Juan tiene **veinticuatro años** _____

Rosa tiene _____

Susana y Pedro tienen _____

Yo tengo _____

María tiene _____

María y yo tenemos _____

Antonio tiene _____

Tú tienes _____

Usted tiene _____

4. Rosa's family

Little Juanita has made a list of all the members of the family. Can you divide them into male and female? What do you notice about most of the male relatives? And the female ones? Then look at Rosa's family tree below and complete the sentences which follow.

tío ----
sobrina ----
madre ----
hijo ----
mujer ----
tía ----
hija ----
sobrino ----
padre ----
abuela _f_
hermano ----
marido ----
hermana ----
abuelo _m_

Alicia

María = Antonio

Juan   Rosa ¡¡yo!!   Susanna = Pedro

Juanita   Tomás

1. Mi hermano se llama _____ .

2. Mi _____ se llama Susana.

3. Susana está casada. Su _____ se llama Pedro.

4. Su hija se llama _____ .

5. Su _____ se llama Tomás.

6. Juanita es mi _____ y Tomás es mi _____ .

7. Mi _____ se llama María y mi _____ se llama Antonio.

8. Mi _____ se llama Alicia.

Language Focus

5. *Tener* to have

1. Rosa, ¿cuántos hermanos _____ ?

2. Yo _____ dos hermanos.

3. María y Antonio _____ tres hijos.

4. Susana y yo _____ un hermano.

5. Juana _____ dos sobrinos.

6. Alicia ¿cuántos nietos _____ usted?

6. Making questions

Here are the answers to some questions. Put the words into the correct order to make the questions.

Example: ¿dirección/es/Emilio/de/cuál/la?

Q ¿ <u>Cuál es la dirección de Emilio</u>?

A Es Calle del Bosque, 28, Pontevedra.

1. ¿coche/usted/tiene?

Q ¿ _____ ?

A Sí, tengo.

2. ¿vive/novia/Emilio/la/de/dónde?

Q ¿ _____ ?

A En León.

3. ¿señor/el/Barcelona/de/es/Vicente?

Q ¿ _____ ?

A No, es de Jaén.

4. ¿llama/su/cómo/se/jefe?

Q ¿ _____ ?

A Se llama Cristina Ramírez.

5. ¿tienen/de/hijos/cuántos/Susana/los/años?

Q ¿ _____ ?

A Cuatro y siete.

6. ¿su/qué/marido/es?

Q ¿ _____ ?

A Es contable.

Reading Corner

7. A postcard

Read Emilio's postcard to his parents, and then respond to the statements below, as in the example.

> ¡Hola papá y mamá! ¿Qué tal estáis? Yo estoy muy bien. Buenas noticias - tengo un nuevo empleo! Ya no soy ingeniero, soy periodista, periodista de viajes. Es una empresa grande - tiene sucursales en Méjico, Caracas, Madrid, Barcelona, Nueva York - y Tokio. Ah, y se llama Vacasa Internacional.
> Un abrazo de Emilio.
> PD: También tengo novia. Se llama Rosa y es de León. Es fotógrafa.

Example: Emilio tiene malas noticias.

No, tiene buenas noticias.

1. Emilio tiene un nuevo coche.

2. Emilio es ingeniero ahora.

3. Vacasa Internacional es una empresa pequeña.

4. Tiene cinco sucursales.

5. La novia de Emilio es periodista.

Write Here

8. The policeman's questions

When Cristina is driving home from the office, she is stopped by a policeman who begins asking her a lot of questions. Complete the conversation by filling in the questions and answers.

Policía   Perdone usted.

Cristina   ¿Sí?

Policía   (La señora Cristina Domínguez?)   ¿Es usted la señora Cristina Domínguez?

Cristina   (No - Cristina Ramírez)   No, soy Cristina Ramírez.

Policía   (dirección Avenida de los Robles, 47?)

Cristina   (no - Avenida de los Olmos, 47)

Policía   (¿casada?)

Cristina   (sí)

Policía   (¿nombre de marido?)

Cristina   (Felipe)

Policía   (¿contable?)

Cristina   (no - profesor)

Policía   (¿de París?)

Cristina   (no - Zaragoza)

Policía   Ah, vale. Lo siento. Perdone. ¡Hasta luego!

UNIT 3: Where's your office?

In this unit you will find practice with describing where things are. You'll also talk about houses, offices and hotels, and the things you find in them, and colors.

Match Game

1. ¿Dónde está el gato?

Match the pictures to the appropiate phrases.

a. debajo de la ventana

b. en la silla

c. en el rincón

d. detrás del sofá

e. al lado del televisor

f. entre el televisor y el sofá

g. cerca de la puerta

Talking Point

2. Hablando de la oficina

Emilio is talking to his mother on the phone, and telling her about his new job at Vacasa Internacional. Complete their conversation by choosing which of the alternatives are most suitable to fill the blanks.

Madre   ¿Dónde está la empresa, Emilio?

Emilio   Está (en/sobre) _____ Villaverde. Es el gran edificio blanco, al lado (de la/del) _____ Hotel Bellavista.

Madre   Ah, sí. Y ¿cuántas personas (son/hay) _____ en Vacasa Internacional?

Emilio   (Está/hay) _____ cincuenta y tres personas en la sucursal de Villaverde.

Madre   ¿Tú (tienes/tiene) _____ una oficina?

Emilio	Sí, claro. Pero hay cinco personas, entonces hay cinco ordenadores, cinco mesas, cinco sillas y cinco teléfonos también - y ¡es una oficina pequeña! Y tiene (puertos/puertas) _____ verdes y una alfombra verde. Pero es bonita. Hay una ventana grande, y hay un parque (detrás/debajo) _____ del edificio.
Madre	¿Hay mujeres en tu oficina?
Emilio	Sí, hay (una/dos) _____ mujeres.
Madre	Y ¿hay tiendas (cerca/lejos) _____ de la oficina? ¿O restaurantes?
Emilio	Sí, hay un restaurante mejicano. Y hay un pequeño bar (entre/detrás) del hotel.

Word Power

3. Colors

There are nine colors hidden in the "sopa de letras". Can you find them? One has been done for you.

4. Odd man out

Circle the word which doesn't belong in the place given at the beginning of the line.

1. **Oficina:** mesa tienda silla ordenador teléfono jefe

2. **Sala de estar:** sofá alfombra silla servicio televisor mesa

3. **Cocina:** vestíbulo frigorífico lavadora cuchillo fregadero ventana

4. **Cuarto de baño:** lavabo baño ducha jabón huevo puerta

5. **Casa:** dormitorio servicio garaje jardín baño gimnasio

Language Focus

5. Present tense

Fill in the blanks with the correct form of the present tense of the verb.

1. Ahora Emilio (trabajar) _____ en Villaverde.

2. Cristina y su familia (vivir) _____ en Pontevedra.

3. Las secretarias de Vacasa Internacional (hablar) _____ varios idiomas extranjeros.

4. Yo a veces (comer) _____ en el bar cerca de la oficina.

5. Los sábados mis amigos y yo (jugar) _____ al tenis.

6. ¿Dónde (trabajar) _____ usted?

7. Emilio (escribir) _____ reportajes para la empresa.

8. Y nosotros (viajar) _____ a todas partes del mundo para la empresa.

6. Making questions

Using the cues below, ask some questions and give short answers.

Example: sofá/sala de estar   _¿Hay un sofá en la sala de estar?_

Sí, hay.

1. ducha/cuarto de baño

_Sí,_

2. lavadora/cocina

_No,_

3. huevos/frigorífico

_Sí,_

4. restaurantes/Villaverde

_Sí,_

5. mujeres/tu oficina

_No,_

6. alfombra verde/sala de estar

_Sí,_

Reading Corner

7. *El Hotel Bellavista*

Read the description of the ground floor layout of the Hotel Bellavista and then write in the location of the various rooms on the plan on the following page.

Hay un gran restaurante junto al vestíbulo a la izquierda, y hay una pequeña cafetería al lado del vestíbulo a la derecha. Hay una librería entre la cafetería y la oficina de viajes. Los teléfonos públicos están cerca de la oficina de viajes. Hay un gimnasio pequeño al lado de la sauna, y una piscina pequeña detrás del gimnasio. Hay aseos en el rincón cerca del restaurante. En el rincón del vestíbulo hay algunos sofás, sillas y mesitas para café.

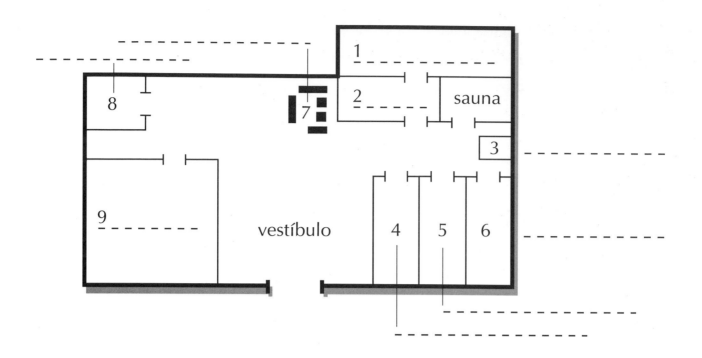

Write Here

8. Rosa's new house

Emilio's girlfriend Rosa recently moved into a new house. Look at the information about it, and then write appropriate questions to go with the answers below.

Example: _¿Hay ducha?_ _____

No, no hay.

1. _____

Hay dos.

2. _____

Sí. Está en la cocina.

3. _____

Es amarilla.

4. _____

Está al lado de la casa.

5. _____

Sí, hay tres naranjos.

6. _____

Está detrás de la casa.

¡VALOR INCREIBLE! casa pequeña, 2 dormitorios, baño (sin ducha), gran cocina con lavadora, sala de estar ¡¡amarilla!!, garaje (junto a la casa), pequeño jardín detrás de la casa (3 naranjos). Tel 986 444 3321.

UNIT 4: I like it!

In this unit, you will find practice with telling the time, sports and hobbies, and talking about likes and dislikes.

Match Game

1. Connections

Connect the words that begin with the same sound.

cinco queso
zapato
C O M O quién
CUATRO cuánto cuál
gato ciudad
gracias chocolate
gusta
GERENTE general japonés
chico CHURRO

Talking Point

2. Breakfast time

Cristina Ramírez has just made breakfast, and she's waiting for the children, Linda and Juan Carlos, and her husband, Felipe, to come into the kitchen. Read the conversation, and then answer the questions.

Cristina   ¡El desayuno está servido! ¿Dónde están? ¿Dónde están los niños? ¡A desayunar!

Felipe   El desayuno está listo, pero los niños no. Linda está todavía en el baño, y Juan Carlos está en la cama. Y tiene mi periódico.

Cristina   ¿Cómo? Pero ¡son las ocho! Ya es tarde. El desayuno está servido.

Felipe   Yo estoy listo. Churros con chocolate - ¡qué bien.! Me encantan los churros con chocolate. Ah, ahí viene Linda.

Linda   ¡Hola, buenos días, mamá y papá!

Cristina   Llegas tarde - son las ocho ya, y ahora yo también, y tu padre, todos llevamos retraso.

Linda   Lo siento. ¿Es éste mi desayuno? ¿Churros con chocolate? ¡Puaj! Eso no, gracias.

Cristina   ¿Cómo? Pero ¡te gustan los churros con chocolate!

Linda   No. No me gustan. ¡Los odio! Estoy de régimen.

Cristina   ¿Qué estás de régimen?

Linda   Sí. A partir de hoy, estoy de régimen. ¿Hay café solo?

Example: ¿Quién está en el baño?   Linda está en el baño.

1. ¿Quién está todavía en la cama?

2. ¿Quién tiene el periódico de Felipe?

3. ¿Quién está listo?

4. ¿A quién le gustan los churros con chocolate?

5. ¿A quién no le gustan?

6. ¿Quién está de régimen?

Word Power

3. What time is it?

Look at the clocks, and write the times underneath each one.

Example:

1._____

2._____

Son las nueve y media.

3._____

4._____

4. Where is he at 7:00?

Write sentences about Felipe's daily schedule, using the phrases in the box.

Example: 7:00   A las siete está en la cama.

Mañana

1. 7:30 _____

2. 8:30 _____

3. 9:00 _____

Tarde

4. 1:30 _____

5. 7:30 _____

6. 9:30 _____

delante del televisor
en el baño
en el restaurante
en la cama
en su coche
en su oficina
en el gimnasio

Language Focus

5. I like it!

Choose the appropriate word to fill in the blanks.

le
me
le
te
le
nos
les

1. A mí _____ gusta mucho el chocolate con churros.

2. A Emilio _____ encanta su nuevo trabajo.

3. A Linda no _____ gusta comer mucho.

4. A los niños no _____ gusta ir al colegio.

5. A nosotros _____ gusta mucho estudiar el español.

6. ¿A ti _____ gustan las naranjas?

7. ¿A usted _____ gusta el café o el té?

6. More likes and dislikes

Choose the correct word of the pair.

1. ¿A usted le (gusta/gustan) _____ los churros?

2. Sí, pero no me (gusta/gustan) _____ mucho el chocolate.

3. A Felipe le (encanta/encantan) _____ ir al gimnasio.

4. A Cristina no le (gusta/gustan) _____ nada la cerveza.

5. Nos (encanta/encantan) _____ los vinos chilenos.

6. A los turistas les (gusta/gustan) _____ las ruinas aztecas de Méjico.

Reading Corner

7. She likes red wine, but ...

Emilio is having second thoughts about his girlfriend, Rosa, because their tastes are so different. Look at this letter to a friend, and rewrite the lines in the correct order.

a. la carne, pero ella es vegetariana. A ella

b. gusta mucho. A ella le gusta la natación y

c. A ella le gusta el vino tinto, pero

d. le encanta ir de compras, pero a mí no. A mí

e. a mí me gusta la cerveza. Me encanta

f. me gusta bailar, pero a ella no le

g. quiero? Sí, claro que la quiero!

h. el tenis, pero a mí no. ¿La

A ella le gusta el vino tinto, pero _____

_____

_____

_____

_____

Write Here

8. Do you like dancing?

Cristina Ramírez is meeting her friends Pedro and Carmen on Saturday, and they are trying to decide what to do, as they all like doing different things. Ask and answer questions about what they like doing. The numbers of checks or crosses denotes how much they like or dislike the activity.

	Pedro	Cristina	Carmen	usted
el tenis	✓✓✓	✓✓	✗✗✗	?
la natación	✓✓	✓	✓✓	?
ir de compras	✓✓✓✓	✓	✓✓✓	?
bailar	✓✓	✓	✗✗✗✗	?
ir al bar	✓✓✓✓	✓✓	✓✓	?

✓✓✓✓ le encanta   ✓✓✓ le gusta muchísimo   ✓✓ le gusta mucho   ✓ le gusta bastante

✗ no le gusta   ✗✗ no le gusta mucho   ✗✗✗ no le gusta nada   ✗✗✗✗ no le gusta en absoluto

Example: Pedro/tenis **Q** A Pedro le gusta el tenis? **A** Sí, le gusta muchísimo.

1. ¿Carmen/ir de compras? **Q** _____ **A** _____

2. ¿Pedro y Carmen/la
   natación? **Q** _____ **A** _____

3. ¿Cristina/la natación? **Q** _____ **A** _____

4. ¿Carmen/bailar? **Q** _____ **A** _____

5. ¿Carmen/el tenis? **Q** _____ **A** _____

6. ¿Pedro/ir al bar **Q** _____ **A** _____

7. ¿Usted/el tenis?
   ¿la natación?
   ¿ir de compras?
   ¿bailar? ¿ir al bar? **Q** _____ **A** _____

UNIT 5: Are you free tomorrow evening?

In this unit you will find practice with talking about daily activities, and how often you do something. There is also some more work on time, and days of the week.

Match Game

1. What's the time?

Match the clocks to the correct time.

1. las siete y cuarto
2. las tres y cuarto
3. las cuatro quince
4. las cuatro menos cuarto
5. las nueve cuarenta y cinco
6. las ocho quince
7. las doce menos cuarto
8. la una menos cuarto

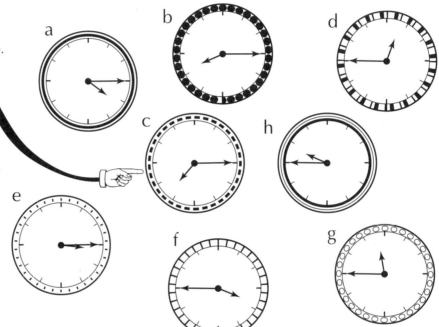

Talking Point

2. How about a date?

It's Emilio's second week on his new job. He greets the receptionist, Ana, as he arrives on Monday morning. Fill in the blanks with an appropriate verb from the box.

veo   salgo   juego
aprendo   preparas
juego   visito   lees
salgo   ceno   aprendo

Ana   Hola, Emilio. Buenos días.

Emilio   Hola, Ana. Eh...¿Ana? Estás ocupada esta tarde? Estoy libre, entonces...

Ana   Lo siento, Emilio. Yo _____ al tenis los lunes. Siempre _____ al tenis los lunes.

Emilio   Vale. ¿Mañana, entonces? ¿Estás libre mañana por la tarde?

Ana   Es martes. No, lo siento, pero _____ el español los martes. Y _____ la guitarra los miércoles.

Emilio	Mmmmm. Es difícil. ¿Qué haces los jueves y los viernes? ¿ _____ la poesía japonesa? ¿ _____ la comida china?
Ana	No, eso no. Por lo general _____ la televisión en casa los jueves, y siempre _____ a mis padres los viernes, y _____ en su casa.
Emilio	¿Y el fin de semana? ¿Sábado? ¿Domingo?
Ana	¡Nunca _____ con hombres desconocidos los fines de semana!
Emilio	¡Yo no soy desconocido! ¡Soy Emilio!
Ana	Lo siento, pero siempre _____ con mi novio el fin de semana. Y Emilio, mira, tú tienes novia, ¿no?

Word Power

3. Find the verb

Think of an appropriate verb to go with each picture.

Example:

d._____

c._____

e._____

a._____

b._____

beber

f._____

4. Daily activities

Put numbers 1 to 11 against these activities to show the order in which you usually do them, and then mark the time you do them on the 24-hour clock.

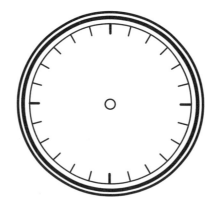

_____ leer el periódico

_____ desayunar

_____ preparar la cena

_____ acostarse

_____ ducharse/bañarse

_____ empezar el trabajo

_____ levantarse

_____ ver la televisión

_____ terminar el trabajo

_____ ir al trabajo

_____ almorzar

Language Focus

5. Mixed up sentences

Rearrange the words to make sentences.

1. fútbol siempre sábados al los juego

   ----

2. padres visita Ana sus a a menudo

   ----

3. Emilio su trabajo al generalmente coche en va

   ----

4. tinto generalmente bebo no yo vino

   ----

5. viernes Cristina gimnasio al a veces va los

   ----

6. carne come Linda nunca

   ----

6. Who does what?

Give the verb in brackets its right ending to suit the sentence.

   Example: Carmen (salir) de casa a las ocho. _Carmen sale de casa a las ocho._

1. Los niños (ir) a su nuevo colegio

   ----

2. Emilio (ir) a Villaverde.

   ----

3. Tú siempre (ir) temprano al trabajo.

   ----

4. Nosotros (vivir) en Salamanca.

   ----

5. ¿Tu hermana (comer) carne?

   ----

6. Usted (conducir) muy bien.

Reading Corner

7. Rosa's diary

Emilio's girlfriend, Rosa, is finding life boring. She thinks it's time for a change. Look at her diary, and fill in the blanks with *a, al, a la, a los, a las*.

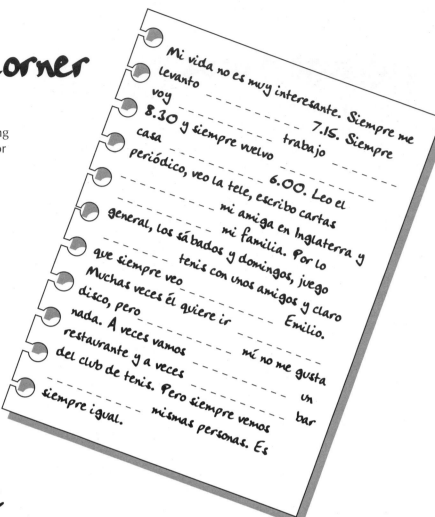

Mi vida no es muy interesante. Siempre me levanto _____ 7.15. Siempre voy _____ trabajo _____ 8.30 y siempre vuelvo _____ casa _____ 6.00. Leo el periódico, veo la tele, escribo cartas _____ mi amiga en Inglaterra y _____ mi familia. Por lo general, los sábados y domingos, juego _____ tenis con unos amigos y claro que siempre veo _____ Emilio. Muchas veces él quiere ir _____ disco, pero _____ mí no me gusta nada. A veces vamos _____ un restaurante y a veces _____ bar del club de tenis. Pero siempre vemos _____ mismas personas. Es siempre igual.

Write Here

8. About you

Answer these questions about yourself.

1. ¿Dónde vive usted?

   _____

2. ¿Juega usted a menudo al tenis?

   _____

3. ¿A qué hora se levanta usted?

   _____

4. ¿A qué hora almuerza usted por lo general?

   _____

5. ¿Qué hace usted generalmente los domingos?

   _____

6. ¿Conduce usted coche?

   _____

UNIT 6: How much is this?

This unit is about shopping, and you will find practice with asking for various items, money and prices, vocabulary for clothing, and asking the size of something.

Match Game

1. Shop talk

Match the beginnings and ends of the sentences.

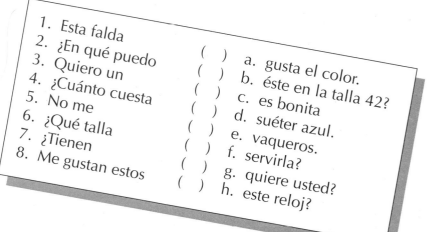

1. Esta falda
2. ¿En qué puedo
3. Quiero un
4. ¿Cuánto cuesta
5. No me
6. ¿Qué talla
7. ¿Tienen
8. Me gustan estos

( ) a. gusta el color.
( ) b. éste en la talla 42?
( ) c. es bonita
( ) d. suéter azul.
( ) e. vaqueros.
( ) f. servirla?
( ) g. quiere usted?
( ) h. este reloj?

Talking Point

2. Emilio's birthday present

It's Emilio's birthday soon, and Rosa is out shopping for a present with her friend Pepita. Read the conversation, and then answer the questions below.

Pepita   Esta camisa es bonita.

Rosa   Sí, es verdad, pero a Emilio no le gusta el marrón.

Pepita   ¿Qué colores suele llevar?

Rosa   Le gusta el azul o el gris o el negro. A veces lleva verde.

Pepita   ¿Qué te parece ésta? Es un color bonito.

Rosa   ¿Qué talla es? Mediana. ¿Cuánto es? ¿Dónde está la etiqueta?

Pepita   Aquí está. ¿¡Cómo!? ¿¡11.000 (once mil) pesetas!?

Rosa   Es de seda. No me gusta nada el precio.

Dependienta   Buenos días. ¿En qué puedo servirlas?

Rosa   Quiero una camisa de algodón, en azul o gris. Una camisa de sport. Es para mi novio.

Dep   ¿Qué talla?

Rosa   No sé. Mediana, quizá.

Dep	Esas camisas están muy populares ahora. ¿O éstas?
Rosa	Son bonitas. ¿Cuánto cuestan?
Dep	7.000 (siete mil) pesetas.
Rosa	¿Cómo? ¿7.000 pesetas? ¡Yo no tengo 7.000 pesetas!
Pepita	¿Por qué no le compramos una corbata? Son más baratas.
Rosa	Buena idea. No quiero un regalo caro. No me gusta mucho Emilio ahora. Una corbata barata es una buena idea.

1. ¿Qué colores le gustan a Emilio? ------------------------------------

2. ¿Le gusta el marrón? ------------------------------------

3. ¿Cuánto cuesta la camisa de seda? ------------------------------------

4. ¿Rosa quiere una camisa de seda o de algodón? ------------------------------------

5. ¿Tiene 7.000 pesetas? ------------------------------------

6. ¿Conoce la talla de Emilio? ------------------------------------

Word Power

3. Find the clothes

Rearrange the letters to find items of clothing.

Example: dosevit **vestido** _____

1. simaca _____
2. tesure _____
3. nastelceci _____
4. ladfa _____
5. barcato _____

6. savorque _____
7. pastoza _____
8. tachaque _____
9. sabul _____
10. grobia _____

4. Money, money, money

Write out these prices in full (they are in Spanish pesetas and Mexican pesos). Be careful with the form of words for "hundred"!

Example: 2.000 pts **dos mil pesetas** _____

1. 1.000 pts _____
2. 1.200 pts _____
3. 2.700 pts _____

4. 5.995 pts _____

5. 7.875 pts _____

6. 100 pesos _____

7. 283 pesos _____

8. 465 pesos _____

9. 120 pesos _____

10. 500 pesos _____

Language Focus

5. Stem-change verbs

Fill in the blanks with one of the "stem-changing" verbs from the box.

prefiero tiene
vuelvo cuesta
quiere piensas
cuestan duermo
prefiere quiero

1. Por favor, ¿cuánto _____ estos guantes?

2. ¿ _____ usted esta falda en verde?

3. ¿Qué color _____ ?

4. Lo siento, no _____ una falda roja, _____ una gris.

5. ¿ _____ usted seda o algodón?

6. ¿Qué _____ tú de este vestido?

7. Esta camisa _____ demasiado.

8. No _____ bien en este tipo de pijama.

9. No tengo bastante dinero. ¡ _____ mañana!

6. This and that

Choose the correct word.

1. No me gustan estos calcetines. Prefiero (aquéllos/aquéllas) _____

2. Quisiera ver (esta/aquella) _____ camisa amarilla que hay en el escaparate.

3. ¿Cuánto cuesta (está/esta) _____ falda?

4. ¡(Este/estos) _____ guantes son muy caros!

5. Prefiero (esta/esa) _____ corbata que tiene Vd en la mano.

6. ¿Qué es (esto/este) _____ ? No sé lo que es.

Reading Corner

7. Who cooks?

Read the description below, and fill in the blanks with the correct form of one of the verbs in the box.

A Cristina le _____ ir de compras, pero _____ cocinar. A su marido, Felipe, le _____ cocinar, pero ir de compras, no. Pues Cristina _____ a menudo al supermercado después del trabajo y allí _____ las provisiones para la cena. Luego Felipe _____ a casa sobre las 7.30 y_____ la cena. (A veces esto es difícil - su hija, Linda,_____ de régimen, y su hijo, Juan Carlos, no _____ pescado.) Al fin de semana, a veces los niños _____ y a veces todos _____ a un restaurante para cenar. Es caro, pero fácil.

detestar   ir
volver   comer
cocinar   gustar
comprar
gustar   preparar
ir   estar

Write Here

8. Shopping questions

Make up appropriate questions to go with these answers.

Example: ¿Tiene usted camisas de seda?

No, lo siento. No tenemos camisas de seda.

1. _____

Quiero la talla 42.

2. _____

Cuesta 7.000 pesetas.

3. _____

Es negra y gris.

4. _____

Son 50 pesetas.

5. _____

Por favor, ¿tienen calcetines de algodón?

6. _____

¿Las corbatas? Están al lado de las camisas.

UNIT 7: The bar's that way.

This unit is about asking and giving directions, talking about stores and public buildings, and asking about opening and closing times.

Match Game

1. It's on the left.

Match the descriptions to the pictures.

1. Enfrente.
2. La tercera casa a la derecha.
3. Todo recto.
4. A la izquierda.
5. En el cruce, vaya todo recto.
6. A la derecha.
7. La segunda casa a la izquierda.
8. Al final.

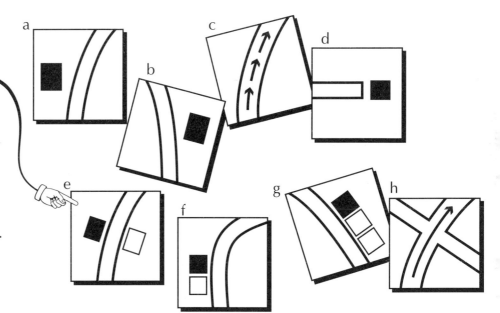

Talking Point

2. Asking the way

Choose the more suitable word to fill the blank.

Emilio is on his way to meet his girlfriend Rosa for a drink, but he's late. As he hurries along the street, a young Japanese woman stops him. She's a tourist.

Tourist Perdone...

Emilio Sí, ¿cómo puedo ayudarla?

Tourist El Museo de Pintura está (enfrente/cerca) _____ de aquí?

Emilio Sí, bastante. (¿Ve/conoce) _____ usted el banco en aquella esquina? Tuerza a la izquierda (aquí/allí) _____ - es la Calle Panaderos. Pase por (encima/debajo) _____ del puente que cruza el río, y luego siga todo recto por la Calle Panaderos hasta una gran iglesia (en/a) _____ la derecha.

Tuerza a la derecha allí, y el Museo de Pintura (está/es) _____ a la derecha. Hay un gran letrero (detrás/delante) _____ del museo. Es muy fácil.

Tourist Perdone... ¿Tuerzo a la izquierda (o/y) _____ a la derecha delante del banco? Y ¿dónde está el río? Lo siento. No entiendo.

Emilio Vale. Venga (conmigo/con mí) _____ . (Emilio la acompaña). Aquí está el banco. Tuerza a la izquierda aquí. Ahora, aquí está el río. A propósito, ¿de (cuándo/dónde) _____ es usted?

Tourist Soy del Japón. (ve a Rosa al otro lado de la calle). Perdone, aquella mujer....¿es su amiga?

Rosa ¡Hola!

Emilio ¡Rosa! Es Rosa, mi novia. Eh, ¡hola!

Rosa Hola, Emilio. Y ¿(Quién/qué) _____ es esto? ¿Tu nueva novia? El bar no está por aquí - está por allí.

Emilio Sí, lo sé, pero...

Rosa Vale. Tú vas por allí - con tu nueva amiga. ¡Adiós!

Word Power

3. Numbers

Fill in the boxes with the ordinal numbers (primero, segundo, etc) as indicated.

4. In the street

Choose one of the words in the box to complete the sentences.

1. Lees libros en _____

2. Compras sellos en _____

3. Nadas en _____

4. Cambias dinero en _____

la piscina
el restaurante
Correos
el supermercado
la biblioteca   el bar
el banco
la carnicería

5. Compras provisiones en _____

6. Compras carne en _____

7. Comes en _____

8. Tomas algo de beber en _____

Language Focus

5. *a* or *en*?

Fill in the blanks with *a* or *en*.

1. La sección de niños está _____ la tercera planta.

2. Siga todo recto hasta llegar _____ la cabina telefónica.

3. _____ la iglesia, tuerza a la izquierda.

4. Nuestra casa es la segunda _____ la derecha.

5. _____ qué planta está la oficina de Emilio?

6. Emilio no está _____ su oficina.

7. Generalmente llega _____ las 9.00.

8. A las 8.00 todavía está _____ casa.

6. Straight ahead!

Put these words into the correct order to make sentences.

1. recto cruce siga el en todo

----

2. derecha museo la a tuerza del delante

----

3. calle la tome a izquierda segunda la

----

4. hasta calle de vaya final el la

----

5. plaza cruce museo la el y está Vd de delante

Reading Corner

7. Where's the party?

Cristina Ramírez has invited several of the employees at Vacasa Internacional to a party at her house. Read her instructions of how to get to her house, and then mark it on the map.

Tuerza a la izquierda al cruce, luego siga la carretera hasta Pozoblanco. Tome la segunda a la derecha, la Calle del Bosque. Siga todo recto, cruce el puente del río, hasta la cabina telefónica a la izquierda. Aquí tuerza a la izquierda, y nuestra casa es la segunda a la derecha.

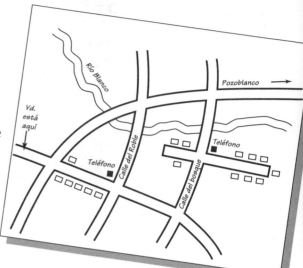

Write Here

8. When is it open?

Look at the opening times of the various places, and make questions and answers like the one in the example.

Example:

> **PISCINA ABIERTA**
> martes–viernes: 9.00–22.00
> sábado–domingo: 10.00–21.30
> cerrada los lunes

Q. ¿Cuándo está abierta la piscina?

A. Está abierta desde las nueve de la mañana hasta las diez de la noche los días laborales, y desde las diez hasta las nueve y media los sábados y domingos. Está cerrada los lunes.

BIBLIOTECA PÚBLICA
DE LUNES A VIERNES 10:00–20:00
SÁBADO 10:00–13:00
DOMINGO CERRADA

1. Q. _____
   A. _____
   _____

CORREOS		
L	9.00	19.30
Ma	9.00	19.30
Mi	9.00	19.30
J	9.00	19.30
V	9.00	19.30
S	9.00	12.30
D	CERRADA	

2. Q. _____
   A. _____
   _____

RESTAURANTE CÁDIZ
✱✱✱✱✱✱✱✱✱✱✱✱
abierto 1930–2400
(1930–0030 los sábados)
cerrado martes y domingo

3. Q. _____
   A. _____
   _____

UNIT 8: Did you have a good weekend?

In this unit you will find practice with talking about things which happened in the past and weekend activities, and asking questions beginning what? where? when? and who?

Match Game

1. Who did it?

Match the subject to the verb.

1. Emilio y Rosa
2. Tú
3. Cristina y yo
4. Carmen
5. Ustedes
6. Yo
7. Usted
8. Felipe

( ) a. compré provisiones para la comida
( ) b. vieron a Emilio y Rosa en la ciudad
( ) c. preparó la cena para Carmen
( ) d. no se hablaron ayer
( ) e. fuimos a una fiesta
( ) f. llegó muy temprano
( ) g. jugaste al tenis el sábado pasado
( ) h. encontró a Felipe en la calle

Talking Point

2. How was the weekend?

At work on Monday morning, Emilio is talking to the receptionist, Ana, about his weekend. Fill in the blanks with the correct form of the verb.

Ana   ¿Cómo (ir) fue tu fin de semana, Emilio?

Emilio   Mal. ¡Fatal!

Ana   ¿Por qué? ¿Qué (pasar) _____ ?

Emilio   Rosa y yo (reñir) _____ el sábado.

Ana   Ah, vale. ¿Por qué (reñir) _____ ?

Emilio   Ella me (ver) _____ con otra mujer.

Ana   ¡Emilio!

Emilio	¡Pero sólo era una turista! Me (preguntar) _____ cómo llegar al Museo de Pintura, y le (decir) _____ cómo ir. No (entender) _____ lo que yo (decir) _____ pues (ir) _____ al Museo con ella. Era japonesa y muy simpática.
Ana	Pero ¿no (tener) _____ una cita con Rosa el sábado?
Emilio	Sí. Eso (ser) _____ el problema. Yo (llegar) _____ tarde a la cita. Y luego Rosa nos (ver) _____ en la calle del Puente.

Word Power

3. Odd man out

Which is the word which doesn't belong?

1. tenis   natación   gimnasio   baloncesto   footing

2. puente   restaurante   bar   Correos   biblioteca

3. fui   comí   jugué   encontré   voy

4. tiene   pone   comió   está   hace

5. qué   cómo   sólo   quién   cuándo

4. Choose the word

Choose one word from each of the groups in Exercise 3 to complete the sentences.

1. ¿Fuiste a la piscina ayer? No, no me gusta mucho la _____

2. Fui a _____ para mandar un paquete.

3. _____ al tenis con Felipe ayer.

4. Ayer en el restaurante Juan Carlos no _____ el pescado.

5. ¿ _____ compró Rosa?

Language Focus

5. Plurals

Fill in the plurals of the following words and phrases on the chart.

Singular	Plural
yo	
usted	nosotros
niño joven	
este hombre	
mujer bonita	
coche japonés	
profesora inglesa	
ciudad española	
avión rápido	
lápiz gris	
aquel tren	

6. *Era* or *estaba*?

Fill in the blanks with *era* or *estaba*.

1. Estos zapatos _____ muy caros.

2. ¿Quién _____ allí?

3. El nombre de mi jefe _____ Juan Arroyo.

4. ¿Dónde _____ el restaurante?

5. Y, ¿cómo _____ ?

6. ¿Quién _____ tu jefe entonces?

7. Questions

Make questions to fit the answers, as in the example.

> **Example:** ¿A qué hora fueron ustedes/fuisteis al bar?
> Fuimos al bar a las 7.30.

1. ¿A dónde _____ ayer? Fui al centro ayer.

2. ¿Cuándo _____ a Rosa? La vi el domingo.

3. ¿Qué _____ en el restaurante? Juan Carlos comió carne.

4. ¿Cuántas _____ en la sección de señoras? Compré tres faldas.

5. ¿A dónde _____ de compras? Las chicas fueron de compras al centro.

6. ¿A qué hora _____ el domingo? Emilio se levantó a las 10.00.

Reading Corner

8. Rosa's diary

Rosa always writes her diary before she goes to bed. Read the section below, and then answer the questions on the following page.

> Sábado
>
> Me enfadé mucho hoy. Tuve una cita con Emilio, y llegué un poco tarde. Luego le vi en la calle del Puente. Con una mujer. No la conocía. Era muy bonita. Ella me vio, y luego me vio Emilio. Pero sólo me miró. No dijo nada. ¿Quién era la mujer? ¿Era su nueva novia? Me enfadé, y volví a casa. Llamé a mamá y le conté la historia. No se sorprendió. Luego Emilio llamó, y tuvimos una riña enorme. Ya no me gusta. Se lo dije - se sorprendió un poco. ¡¡¡Adiós, Emilio!!!

Example: ¿Con quién tuvo cita Rosa?   _Tuvo cita con Emilio._

1. ¿Dónde vio Rosa a Emilio? _____

2. ¿Con quién estaba? _____

3. ¿Vieron a Rosa Emilio y la mujer? _____

4. ¿A dónde fue Rosa? _____

5. ¿A quién llamó Rosa? _____

6. ¿Quién llamó a Rosa? _____

Write Here

9. What did they do?

These people all wrote memos to remind themselves of various appointments they had on the weekend. Make questions and answers like the one in the example about what they did.

Example:

6 domingo

mañana ¡tenis!

Cristina

Q: ¿Qué hizo Cristina el domingo por la mañana?
A: Jugó al tenis.

eves | 4 viernes | 5

tarde visitar padres

S 5 S   Rosa

mañana: con Pepe encontrarse

Emilio

5 S   tarde – gimnasio

6 D

1. Q: _____
   A: _____

domingo ••••••• 6

noche ir al bar con Susana

2. Q: _____
   A: _____

viernes   Felipe

4

3. Q: _____
   A: _____

Ana

noche- TV!

4. Q: _____
   A: _____

5. Q: _____
   A: _____

Susana

UNIT 9: We went camping.

In Unit 9 there is more work on talking about the past, and you will also find practice with describing vacations, transportation and saying the year.

Match Game

1. Full answers

Match the questions to the answers.

1. ¿Le gustó Puerto Rico?
2. ¿A dónde fuisteis de vacaciones?
3. ¿Hizo camping tu hermana el año pasado?
4. ¿Tus padres viajaron en tren?
5. ¿Hicieron ustedes esquí en enero?
6. ¿Fuiste de vacaciones con tu novio?
7. ¿Estaba el hotel cerca del mar?
8. ¿Alquilaron ustedes un coche?

( ) a. No, fuimos a las montañas en marzo.
( ) b. No, fueron en avión.
( ) c. No, fui con mis padres.
( ) d. Sí, pero preferí Guatemala.
( ) e. No, ¡bicicletas!
( ) f. A dos minutos.
( ) g. A Venezuela.
( ) h. Sí, fue a los Estados Unidos con su tienda.

Talking Point

2. Hotel or tent?

Emilio has been looking at some travel brochures and planning his vacation while waiting for his friend Simón to arrive at the bar for a drink. Fill in the blanks in their conversation with the correct tense and form of the verb.

Simón ¿Qué tienes ahí? ¿Folletos turísticos?

Emilio Sí, para mis vacaciones de verano. El año pasado (ir) _____ a Turquía, y me (divertir) _____ muchísimo.

Simón ¿Dónde te (alojar) _____ ? ¿En un hotel?

Emilio Sí, (ser) _____ un hotel grande, cerca de la playa, con piscina y un restaurante estupendo, y una discoteca todas las noches.

Simón ¡No me (gustar) _____ nada esos grandes hoteles!

Emilio	¿Verdad? ¿Por qué? Yo (divertirse) _____ mucho allí. (Comer) _____ mucha buena comida, (beber) _____ mucho buen vino y cerveza, (bailar) _____ , y ¡(encontrar) a muchas mujeres bonitas! ¿A dónde fuiste tú el año pasado?
Simón	El año pasado no tenía mucho dinero, pues (hacer) _____ camping con unos amigos. Lo (pasar) _____ estupendamente.
Emilio	¿El camping? ¡Puaj! ¿No hizo frío? No llovió?
Simón	No, de ninguna manera. (Hacer) _____ buen tiempo y nosotros (dar) _____ paseos, (nadar) _____ , (visitar) _____ muchos sitios interesantes.
Emilio	¿(Preparar) _____ las comidas?
Simón	A veces (cocinar) _____ y a veces (comer) _____ en bares o restaurantes baratos. Y nosotros también (encontrar) _____ a muchas mujeres bonitas.
Emilio	¡No te creo!

Word Power

3. Years and years

Write the years out in words, as in the example.

Example: 1979 *mil novecientos setenta y nueve.*

1. 1985 _____
2. 1960 _____
3. 1881 _____
4. 1995 _____

5. 1700 _____
6. 1978 _____
7. 1990 _____
8. 2001 _____

4. How did you go?

Rearrange these words to find some different ways of traveling.

Example: rent   *tren*

1. tilicabce _____
2. toasúbu _____
3. checo _____
4. nóvia _____

5. axit _____
6. colitomatce _____
7. rotauca _____
8. lacobla _____

Language Focus

5. Preterite tense verbs

Complete the lists in the boxes by filling in the preterite or present forms of the verbs.

	Present	Preterite
yo	voy	fui
tú	como	
Emilio	nada	
usted	bebe	
nosotros	vivimos	
tú y Ana	veis	
los niños	tienen	
ustedes	llegan	

	Present	Preterite
yo		vine
tú		fuiste
Emilio		escribió
usted		salió
nosotros		estuvimos
tú y Ana		bailasteis
los niños		dijeron
ustedes		hicieron

6. Negatives

Match the answers to the questions.

1. ¿Simón todavía hace camping?
2. ¿Quién habló con Rosa en la calle?
3. ¿Dónde vio Emilio a Rosa?
4. Emilio y Rosa fueron al restaurante?
5. Yo no voy al restaurante. ¿Y tú?
6. ¿Qué te dijo Rosa?
7. ¿Le gustan los cigarrillos?

( )
( )
( )
( )
( )
( )
( )

a. No me dijo nada.
b. No, nunca fumo.
c. Yo no voy tampoco.
d. No. Ya no le gusta.
e. Nadie.
f. No. Ni él ni ella fue.
g. En ninguna parte.

Reading Corner

7. All about Cristina Ramírez

Read the information about Cristina Ramírez and then write questions to go with the answers below.

Cristina Ramírez nació en Argentina en 1944. Su madre fue profesora y su padre fue ingeniero. La familia vino a España in 1954, cuando Cristina tenía diez años. Vivieron en Madrid.

Cristina fue a la universidad de Salamanca. Estudió economía política. Fue buena estudiante, y le gustó mucho la universidad. También le gustó viajar, y viajó por Europa, Africa e India en autobús y tren. Después de la universidad, se trasladó a Pontevedra, donde conoció a su marido, Felipe. Se casaron en 1969.

1. _____   En mil novecientos cuarenta y cuatro.

2. _____   En mil novecientos cincuenta y cuatro.

3. _____   En Madrid.

4. _____   En Salamanca.

5. _____   Economía política.

6. _____   En mil novecientos sesenta y nueve.

Write Here

8. Checklist

Cristina and her family are going camping this weekend, and Cristina made a list of the things she had to do today. Make questions about the things she had to do.

Example: comprobar aceite y agua del coche. *¿Comprobó el aceite y agua del coche?*

1. telefonear al camping   _____

2. comprar provisiones   _____

3. lavar el coche   _____

4. ir al banco   _____

5. limpiar las botas para caminar   _____

6. comprobar la tienda   _____

UNIT 10: What are you going to have?

Unit 10 is about eating out and restaurants. You will find practice with ordering food, shopping for food, and weights, measures and containers.

Match Game

1. In the restaurant

Match the questions with appropriate responses.

1. ¿Quiere usted beber algo?   ( )
2. ¿Ensalada o legumbres?   ( )
3. ¿Quiere Vd café?   ( )
4. ¿Vino tinto o blanco?   ( )
5. ¿Y de postre?   ( )
6. ¿Tienes hambre?   ( )
7. ¿Come Vd carne?   ( )

a. Blanco, por favor.
b. No, prefiero un refresco.
c. Sí, para mí, un flan.
d. No. Soy vegetariana.
e. Ensalada.
f. Sí, yo tomo un vino tinto.
g. Sí, bastante.

Talking Point

2. ¿Qué vas a tomar?

Rosa still doesn't want to speak to Emilio, but after two days, Emilio invites her to lunch for a talk. Rewrite the lines of the conversation in the correct order.

1. **Rosa**   Sí, vale. Un bocadillo de jamón. Y un café.
2. **Rosa**   Probé su sopa de tomate la semana pasada. Fue asquerosa.
3. **Rosa**   No sé. No tengo mucha hambre.
4. **Rosa**   Y me gustaría un bocadillo de jamón.
5. **Emilio**   Patatas fritas, por favor.
6. **Emilio**   ¿Ah? Pues, ¿quieres un bocadillo?
7. **Emilio**   Me gustaría una tortilla de queso.
8. **Emilio**   ¿Quieres sopa? Aquí la sopa de tomate está muy buena.

9. **Emilio**   ¿Qué quieres tomar?

10. **Emilio**   Un café y una naranja.

11. **Camarero**   ¿Con ensalada o patatas fritas?

12. **Camarero**   ¿Qué van ustedes a tomar?

13. **Camarero**   Una tortilla de queso con patatas fritas, y un bocadillo de jamón. ¿Y para beber?

Emilio   *¿Qué quieres tomar?*

Rosa   --

Emilio   --

Rosa   --

Emilio   --

Rosa   --

Camarero   --

Word Power

3. Fruit, vegetables, or meat?

Put the following words into the appropriate category.

pollo lechuga manzana cordero plátano bistec patata jamón guisantes limón judías zanahorias cerdo cebolla salchichas naranja fresa chorizo

Fruit	Vegetables	Meat

4. Shopping list

Match the two columns to find the exact kind of product on Cristina's shopping list.

1. vino ( )
2. agua ( )
3. leche ( )
4. yogur ( )
5. café ( )
6. jamón ( )
7. pan ( )
8. patatas ( )

a. desnatada
b. de York
c. tinto
d. descafeinado
e. mineral
f. fritas
g. natural
h. integral

Language Focus

5. Do this!

Choose one of the commands from the box for each sentence.

1. _____ Vd esa blusa azul, por favor. Quiero verla de cerca.

2. _____ Vd las patatas en mi bolsa, por favor.

3. _____ Vd medio kilo de tomates, por favor.

4. Dos mil pesetas, _____ Vd.

5. Camarero, _____ Vd dos cervezas, por favor.

6. _____ Vds un momentito. El museo se abre muy pronto.

deme
enséñeme
tome
tráiganos
ponga
esperen

6. ¿A cuánto están hoy?

Say how much these items are today in the supermarket.

Example: patatas 12 pesetas kilo   Las patatas están a 12 pesetas el kilo.

1. cerveza 150 pesetas botella   _____

2. mantequilla 175 pesetas paquete   _____

3. bombones 750 pesetas caja   _____

4. pan 30 pesetas barra   _____

5. alubias 70 pesetas lata   _____

6. puré de tomate 95 pesetas tubo   _____

7. agua mineral 60 pesetas litro   _____

8. zanahorias 35 pesetas medio kilo   _____

Reading Corner

7. Cristina's letter

Cristina is writing a letter to her mother, and telling her about the argument she had with her husband Felipe yesterday. Make questions from the words given below, and then give short answers.

1. ¿ayer/riñeron/quiénes?

    ----

2. ¿Felipe/ejercicio/hace?

    ----

3. ¿desayuno/mucho/come?

    ----

4. ¿cerveza/hamburguesas/compra/y/quién?

    ----

5. ¿tenis/a menudo/jugar/suele/al?

    ----

6. ¿cincuenta/tiene/cuándo/años?

Felipe y yo reñimos ayer - sobre la comida. ¡Él, come, come, come! Y nunca hace ejercicio. ¡Es muy grande! Siempre come huevos y salchichas y tostadas para el desayuno, y suele tomar una hamburguesa o una pizza para el almuerzo. Yo le compro yogur y fruta y leche, y luego abro el frigorífico, y ¿qué veo? - cerveza, y más hamburguesas y más pizzas! Le gusta el tenis, la natación y el fútbol, pero sólo por televisión. Y el año que viene ¡cumple cincuenta años! ¿Qué hacer?

Write Here

8. Breakfast and lunch

Make sentences about what Emilio, Rosa and Felipe usually eat for breakfast and lunch, as in the example.

	Desayuno	Cena
Emilio	huevo, tostada, café o té	sopa o tortilla
Rosa	jugo de naranja, yogur, tostada	bocadillo
Felipe	huevos, salchichas, tostada, café o té	hamburguesa o pizza

Example: Emilio toma un huevo, unas tostadas y café o té para el desayuno. Para el almuerzo toma sopa o una tortilla.

1. Rosa

    ----

2. Felipe

UNIT 11: Can you speak English?

In Unit 11 you will talk about things you can and can't do, and about jobs. You will also ask for and give reasons, using *¿por qué?* and *porque*.

Match Game

1. Verbs

Match each verb to the most appropriate phrase.

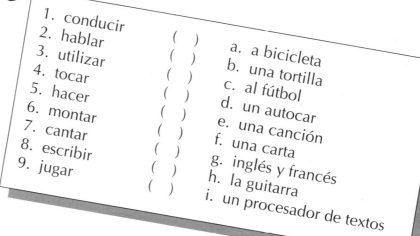

1. conducir
2. hablar ( )
3. utilizar ( )
4. tocar ( )
5. hacer ( )
6. montar ( )
7. cantar ( )
8. escribir ( )
9. jugar ( )
( )

a. a bicicleta
b. una tortilla
c. al fútbol
d. un autocar
e. una canción
f. una carta
g. inglés y francés
h. la guitarra
i. un procesador de textos

Talking Point

2. Yes, I can.

Rosa wants to get away from Pontevedra for a while, so today she's gone for an interview with a travel company. Fill in the blanks with an appropriate verb from the box.

conducir	empezar	enseñar	montar	conducir	hablar
vivir	conducir	escribir a máquina		utilizar	hablar

Rosa	Sé _____ , y también sé _____ un procesador de textos.
La Sra Jiménez	Eso no es tan importante. Tenemos muchas secretarias. ¿Sabe usted _____ algún idioma extranjero?
Rosa	Sí, sé _____ inglés y francés, y un poco de alèmán.
La Sra Jiménez	Bien. Y ¿sabe Vd escribirlos también?
Rosa	Sí, claro.
La Sra Jiménez	¿Y sabe Vd _____ ? ¿Sabe Vd _____ un autocar?
Rosa	¿Un autocar? No, eso no lo sé conducir. Sé _____ un coche, sé _____ a bicicleta y a caballo, pero - un autocar, ¡no, lo siento!

La Sra Jiménez	No se preocupe - podemos _____ le. ¿Le gusta el sol?
Rosa	Sí. Nací en Méjico. ¡Me encanta _____ en un clima caluroso.
La Sra Jiménez	Estupendo. Entonces, le podemos ofrecer un puesto de trabajo.
Rosa	¿Cómo secretaria?
La Sra Jiménez	No, como guía de turismo. ¿Cómo le parece un puesto como guía de un viaje a Méjico?
Rosa	¡Fantástico! ¡Me gustaría mucho!
La Sra Jiménez	Bien. Una pregunta más: ¿puede Vd _____ mañana?

Word Power

3. Jobs

Match the questions to the responses.

| cocinar   escribir a máquina   pintar   conducir   hablar francés   tocar el piano   cantar |

1. ¿Sabe Vd tocar el piano? _____ Sí, claro, soy pianista.

2. _____ Sí, claro, soy profesor de francés.

3. _____ Sí, claro, soy secretaria.

4. _____ Sí, claro, soy cocinero.

5. _____ Sí, claro, soy conductor de autobús.

6. _____ Sí, claro, soy cantante de ópera.

4. More jobs

See how many jobs you can find in the *sopa de letras*.

O	M	E	N	F	E	R	M	E	R	A
P	E	R	I	O	D	I	S	T	A	L
I	D	I	N	G	E	N	I	E	R	O
L	I	D	E	C	N	V	I	P	R	U
O	C	E	G	A	T	O	D	I	J	B
T	O	L	D	M	I	C	A	N	G	O
O	L	E	X	A	S	I	C	T	A	M
C	E	C	A	R	T	E	R	O	R	B
T	O	R	L	E	A	D	O	R	L	E
A	G	U	A	R	D	I	A	T	A	R
B	E	L	C	O	C	I	N	E	R	O

Language Focus

5. Question words

Make questions to suit the answers, beginning with one of the question words in the box:

| ¿qué? | ¿quién? | ¿cuándo? | ¿adónde? | ¿dónde? | ¿por qué? |

1. _____

   Rosa va a Méjico.

2. _____

   Va el martes que viene.

3. _____

   Porque ahora trabaja como guía de turismo.

4. _____

   Se aloja en un hotel.

5. _____

   Es muy grande.

6. _____

   Nadie va con ella.

6. Linking sentences with *porque*

Complete these sentences below by adding *porque,* and choosing a reason from those in the box.

1. Lo siento. No puedo jugar al tenis mañana porque **estoy ocupada** _____

2. No puedo comprar un coche nuevo porque _____

3. Emilio no pudo ir a la fiesta porque _____

4. No fuimos a la piscina porque _____

5. Yo no pude hacer una tortilla porque _____

6. No puedo hacer camping porque _____

7. Rosa no pudo comer su almuerzo porque _____

8. Pedro no fue al museo porque _____

| a. estaba enfermo | b. no tengo tienda | c. no tuvo hambre | d. no tengo dinero. |
| e. estoy ocupada | f. estaba cerrado | g. no tenía huevos | h. hacía frío. |

Reading Corner

7. Rosa's note

Read Rosa's note to Emilio, and then answer the questions below, beginning each one with *porque*...

1. ¿Por qué no puede tomar el almuerzo con Emilio mañana?

   _____

2. ¿Por qué no puede verle la semana que viene?

   _____

3. ¿Por qué no le dijo sus noticias anoche?

   _____

4. ¿Por qué ya no le gusta tanto Pontevedra?

   _____

No puedo tomar el almuerzo contigo mañana. Lo siento, pero tengo un nuevo trabajo. En efecto, no puedo verte esta semana ni la semana que viene. Estoy muy, muy ocupada. Te llamé anoche, pero no estabas en casa. ¿Estabas en el bar? ¿O con esa turista extranjera? Ya no importa. Ya no me gusta Pontevedra. Hace frío y siempre llueve. La semana que viene – ¡Méjico! ¡Me encanta Méjico! ¡Hace muchísimo calor! Pues, ¡adiós Pontevedra, adiós Emilio!

Write Here

8. How well can they do it?

Using the information below, make questions and answer them, as in the example.

	jugar al tenis	hablar inglés	esquiar
Cristina	no muy bien		sí, un poco
Felipe		sí, muy bien	
Juan Carlos	sí, muy bien	no	en absoluto
Linda		sí, un poco	en absoluto

Example: Cristina/jugar al tenis

¿Sabe Cristina jugar al tenis? No, no sabe jugar muy bien.

1. Felipe/hablar inglés _____

2. Juan Carlos/hablar inglés _____

3. Cristina/esquiar _____

4. Juan Carlos y Linda/esquiar _____

5. Juan Carlos/tenis _____

6. Linda/hablar inglés _____

UNIT 12: Review

Unit 12 gives you a chance to review the work you did in Units 1–11.

1. Matching

Match the sentences which have a similar meaning.

1. Estoy casada.	( ) a. ¿Tienes hambre?
2. Soy vegetariana.	( ) b. Fuimos a un restaurante ayer.
3. Vivo en Pontevedra.	( ) c. Es difícil esquiar.
4. ¿Quieres comer?	( ) d. ¿Le hablaste ayer por la noche?
5. No es fácil esquiar.	( ) e. No como carne.
6. Todos salimos a cenar ayer.	( ) f. Tienen un hijo y una hija.
7. Tienen dos niños.	( ) g. No estoy soltera.
8. ¿Le llamaste anoche?	( ) h. Mi dirección es calle del Olmo, 10, Pontevedra.

2. A, B OR C?

Choose which of the answers is correct.

1. Encantado de conocerle.
    a. Muy bien, gracias.
    b. Mucho gusto.
    c. Gracias.

2. ¿Quiere tomar algo de beber?
    a. No, gracias.
    b. Prefiero algo de beber.
    c. Quisiera un bocadillo.

3. ¿Hay tiendas cerca de su oficina?
    a. No es verdad.
    b. Sí, hay algunas, pero no muchas.
    c. Sí, están cerca.

4. ¿Te gusta tu nueva jefa?
    a. Sí, me quiere mucho.
    b. Sí, me gustan bastante.
    c. Sí, me parece bastante bien.

5. ¿Cuánto es aquella camisa azul?
    a. No, es una camisa verde.
    b. Vale tres mil pesetas.
    c. Hay tres camisas.

6. ¿Correos está lejos de aquí?
    a. No, está bastante lejos.
    b. Está a la izquierda.
    c. No, está bastante cerca.

3. Numbers

Write these numbers in words.

1. 1° _____
2. 450 pts _____
3. 16 _____
4. 60 _____
5. 10.500 _____
6. 3° _____
7. 1997 _____
8. 775 pts _____

4. Opposites

What are the opposites of these words?

1. calor _____
2. siempre _____
3. malo _____
4. negro _____
5. cerrado _____
6. difícil _____
7. lejos _____
8. tío _____
9. ¡hola! _____
10. soltero _____
11. hombres _____
12. verano _____

5. Questions

Make questions to go with these answers.

1. _____
   Cuestan 100 pts el kilo.

2. _____
   La compré ayer.

3. _____
   Se cierra a las 19.30.

4. _____
   Roja.

5. _____
   Tiene 10 años.

6. _____
   Sí. Tengo dos hijos y una hija.

6. Preterite (simple past) tense

What is the preterite tense of these verbs?

1. yo tengo _____
2. tú haces _____
3. nosotros hablamos _____
4. Pedro dice _____
5. yo nado _____

6. ellos vienen _____
7. Vd va _____
8. Vds esperan _____
9. vosotros bebéis _____
10. Cristina conduce _____

7. Negatives

Put these sentences into the negative.

Example: Escribí una carta a mi madre.   _No escribí una carta a mi madre._

1. Fuimos de compras ayer.   _____

2. La casa tiene jardín.   _____

3. Le gusta mucho su nuevo trabajo.   _____

4. Compré unas manzanas esta mañana.   _____

5. Siempre se levanta a las siete.   _____

6. Hicieron camping el año pasado.   _____

8. Mixed up sentences

Rearrange the words to make sentences.

1. número ? zapatos ¿ quiere qué de

_____

2. sección tercera de la ? la caballeros en ¿ está planta

_____

3. derecha nuestra a casa es segunda la la

_____

4. y familia hotel un alojaron Cristina su se en

_____

5. queso frigorífico ? en hay ¿ el

_____

6. tenis porque puedo estoy al no jugar ocupado

_____

9. Find the mistake

Each sentence has one mistake: rewrite the sentences correctly.

Example: Fui allí el semana pasada.   Fui allí la semana pasada.

1. a biblioteca es cerrada los domingos.

2. Pedro no tengo hijos.

3. Generalmente yo jugo al tenis los sábados.

4. Todos fuimos en Barcelona en el tren.

5. Mi hermana y mí hicimos camping en Francia.

6. Perdone, eso no está jugo de naranja.

10. Shopping list

Work out the ten items Cristina has on her food shopping list, and find out what the eleventh item is reading vertically.

1. Se pone en una paella.

2. Bebes esto en esto.

3. Son pequeños y verdes.

4. Ha vivido en el mar.

5. Puede estar desnatada.

6. Te hacen llorar.

7. La necesitas para hacer pan.

8. Estarás borracho si bebes mucho.

9. Puedes comerlas fritas.

10. Son largas y están hechas de carne y otras cosas.

11. (vertical) ¿Qué más compró?

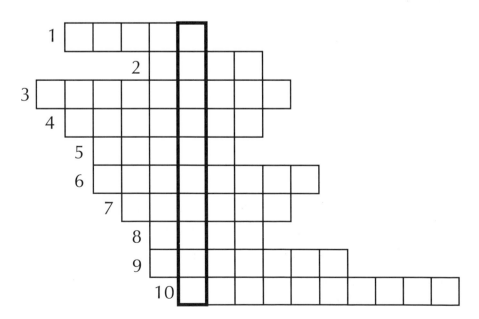

52

UNIT 13: What does she look like?

Unit 13 is about describing people, and there is also work on comparing things.

Match Game

1. Who's who?

Match the words to the appropriate picture.

1. alto
2. gordo
3. moreno
4. rubia
5. fuerte
6. vieja
7. contento
8. delgada

Talking Point

2. What does he look like?

Read the conversation between Cristina and her husband, Felipe, and then say if the statements below are true or false.

Felipe   Vi a ese nuevo reportero en el bar anoche. Estaba un poco borracho.

Cristina   ¿De verdad? ¿Quién es?

Felipe   No sé cómo se llama. Le vi en la fiesta de tu oficina la semana pasada.

Cristina   ¿Cómo es?

Felipe   Alto y delgado. Tiene el pelo largo y moreno. Tiene unos 30 años.

Cristina   Es Emilio Torres. Tiene la nariz grande, pero es bastante atractivo. ¿Es él?

Felipe   Sí, ése es. Anoche no estaba muy contento. Y bebió demasiado.

Cristina   Es porque su novia tiene un nuevo trabajo. Ayer fue a Méjico como guía de turismo.

Felipe	¿Aquella joven bonita? ¿Con el pelo corto? ¿Siempre lleva pendientes grandes?
Cristina	Sí. Es ella. ¿Por qué? ¿La conoces?

1. Emilio estaba en el bar anoche. *Verdad/mentira*

2. Felipe estaba en la fiesta de la oficina anoche. *Verdad/mentira*

3. Emilio tiene el pelo moreno. *Verdad/mentira*

4. Emilio es gordo. *Verdad/mentira*

5. Emilio bebió mucho anoche porque estaba contento. *Verdad/mentira*

6. A la novia de Emilio le gustan los pendientes grandes. *Verdad/mentira*

Word Power

3. Opposites

What are the opposites of these words?

1. triste _____

2. joven _____

3. barato _____

4. largo _____

5. rubio _____

6. alto _____

7. grande _____

8. pesado _____

4. Parts of the body

Can you name these parts of the body?

1. _____

2. _____

3. _____

4. _____

5. _____

6. _____

7. _____

8. _____

Language Focus

5. Comparatives

Write a comparison of the people, places or objects listed below.

    Example: Emilio/alto/Cristina: *Emilio es más alto que Cristina.* ----------------

1. Felipe/gordo/Emilio

----

2. Rosa/joven/Emilio

----

3. Madrid/grande/Salamanca

----

4. El español/fácil/el japonés

----

5. Cristina/bonita/Rosa

----

6. Esta falda/buena/aquélla

----

6. Superlatives

Write a sentence to include a superlative.

    Example: Emilio/hombre/atractivo/oficina:

Emilio es el hombre más atractivo de la oficina. ------------------------

1. Emilio/periodista/listo/compañía

----

2. Linda/chica/delgada/su clase

----

3. Sevilla/ciudad/calurosa/España

----

4. Esta camisa/bonita/tienda

----

5. Estos zapatos/caros/la zapatería

Reading Corner

7. Blind date

Emilio's friend Pepe has arranged a blind date for him with another friend, Juana. Below is the note that Emilio wrote to Juana, arranging when and where to meet. Fill in the blanks with one of the words from the box.

largo   ojos
más   tengo   misma
alto   llevo

¡Hola! ¿Podemos vernos el viernes? ¿Qué te parece el bar Las Campanas, a las 7.30? Tengo la _____ altura que Pepe, ¡pero soy _____ atractivo! También soy más _____ que él. Tengo el pelo _____ y negro, y los _____ castaños. Siempre _____ vaqueros y chaqueta negra de piel. Por desgracia, ¡no _____ foto!

Hasta viernes.
Emilio Torres.

Write Here

8. Answer the questions

Answer the questions below with full sentences, as in the example:

	Esteban	Simón	Susana
Edad	27	34	31
Altura	189cm	184cm	178cm
Peso	74kg	92kg	61kg
Pelo	moreno, largo	moreno, corto	rubio, largo

Example: ¿Quién es el más joven?   <u>Esteban es el más joven.</u>

1. ¿Quién pesa más? _____

2. ¿Quién pesa menos? _____

3. ¿Quién es el mayor? _____

4. ¿Quién es el más alto? _____

5. ¿Quién es más joven que Susana? _____

6. ¿Quién es más bajo que Esteban? _____

7. ¿Quién tiene el pelo más moreno que Susana? _____

8. ¿Quién tiene el pelo más corto? _____

UNIT 14: I'm having a great time!

In this unit you will talk about things that are happening at the moment, describe the weather, and give reasons using *como*.

Match Game

1. The weather

Match the sentence halves.

1. Como está nevando hoy	( )	a. es peligroso ir en bicicleta.
2. Como está lloviendo hoy	( )	b. no vemos nada del panorama.
3. Como está brillando el sol	( )	c. llevo mi sombrero y guantes.
4. Como hay niebla hoy	( )	d. los niños están nadando en el mar.
5. Como hace viento hoy	( )	e. estoy trabajando en el jardín.
6. Como hace mucho calor hoy	( )	f. llevo paraguas.

Talking Point

2. Old friends

While in Cancún, Rosa calls some old friends, Pablo and Marisol. Fill in the blanks in their conversation.

visitando	limpiando	llamando	haciendo	trabajando	viviendo
lavando	haciendo	viviendo	escuchando	trabajando	

Rosa ¡Oiga! ¿Pablo? Soy Rosa, Rosa Enríquez.

Pablo ¡Rosa! ¿Qué tal estás?

Rosa Bien, ¿y tú?

Pablo Estupendo. Pero, ¿dónde estás ahora? ¿Qué estás _____ ? ¿Estás _____ desde España? ¿O estás aquí en Cancún?

Rosa Estoy en Cancún.

Pablo ¿De vacaciones?

Rosa No. Tengo un nuevo trabajo como guía de turismo.

Pablo ¡Estás _____ de guía de turismo en Cancún! ¡Fantástico! ¿Estás _____ en Cancún también?

Rosa	No, no estoy _____ en Cancún, sólo estoy _____ Méjico durante diez días con un grupo de turistas. ¿Y tú? ¿Qué estás _____ ?
Pablo	En este momento estoy _____ la ropa y _____ la casa. También estoy _____ la radio.
Rosa	¿Dónde está Marisol?
Pablo	Marisol está _____ en la oficina hoy. Dime, ¿estás libre esta noche? ¿Quieres cenar con nosotros?
Rosa	¿En vuestra casa? ¿Quién prepara la cena?
Pablo	Yo, claro.
Rosa	Bien. ¡Me gustaría mucho! ¿A qué hora?

 # Word Power

3. Odd man out

Circle the word or phrase which doesn't belong.

1. está nevando   está caliente   hay niebla   está lloviendo   hace viento

2. trabajando   esquiando   nadando   bailando   patinando

3. siempre   generalmente   a veces   a menudo   ahora

4. hoy   esta mañana   ahora   semana   esta tarde

5. paraguas   guantes   sombrero   bufanda   calcetines

6. periódico   libro   folleto   revista   procesador de textos

4. Find the country

Where does Cristina want to go on vacation this year?

1. ¿Quién está _____ esa canción?

2. Están _____ Méjico y Guatemala.

3. Emilio está _____ el coche.

4. Cristina está _____ el periódico.

5. Rosa está _____ desde Méjico.

6. Esteban está _____ de camarero.

7. Felipe está _____ una carta.

8. Hace mucho calor, entonces estamos _____ en el mar.

Language Focus

5. Simple present vs progressive

Fill in the blanks, using either the progressive present (*estar* + *-ando/iendo*) or the simple present, as appropriate.

1. (ducharse) Generalmente _____ por la mañana, pero esta mañana (bañarse) _____ .

2. (comprar) Generalmente Cristina _____ provisiones en el supermercado, pero hoy las _____ en la tienda de la esquina.

3. (conducir) A menudo Felipe _____ el coche cuando están de vacaciones, pero Cristina lo _____ en la foto.

4. (viajar) Yo casi siempre _____ en tren, pero hoy _____ en avión.

5. (preparar) Por lo general Marisol _____ la cena los domingos, pero hoy Pablo la _____ .

6. (patinar) Esta mañana los niños _____ . _____ todos los sábados por la mañana.

Reading Corner

6. Rosa's postcard

This is the postcard Rosa has been writing. Make questions about the postcard to go with the answers below.

¡Hola mamá y papá!
Lo estoy pasando estupendamente. El sol está brillando, estoy sentada al lado de la piscina del hotel, y estoy bebiendo una cerveza fría. Pero hoy es mi único día libre. Hay 35 personas en el grupo, y sólo hay una guía - ¡yo! Entonces, estoy muy ocupada. Ayer llamé a mis viejos amigos Pablo y Marisol - ¿os acordáis de ellos? Ambos están bien, y ahora tienen tres niños. Marisol está trabajando en una empresa de informática, pero Pablo no está trabajando; está buscando trabajo, pero generalmente se queda en casa a cuidar a los niños.

Example: *¿Dónde está sentada Rosa?* _____ Al lado de la piscina

1. _____ Una cerveza fría.
2. _____ No. Hoy está libre.
3. _____ Treinta y cinco.
4. _____ Ayer.
5. _____ Tres.
6. _____ En una empresa de informática.
7. _____ Ahora no.

Write Here

7. Now he is, now he isn't

Make sentences using the cues, as in the example.

Example: Juan Carlos y Linda – tenis ✗ – baloncesto ✓

Juan Carlos y Linda no están jugando al tenis, están jugando al baloncesto.

1. Cristina – desayuno ✗ – cena ✓

   ----

2. Juana – tarjeta postal ✗ – carta ✓

   ----

3. Emilio y su amigo – vino ✗ – cerveza ✓

   ----

4. Juan Carlos – como camarero ✗ – como cartero ✓

   ----

5. Linda – esquiar ✗ – patinar ✓

   ----

6. Papá – revista ✗ – periódico ✓

UNIT 15: Are you doing anything on Sunday?

In Unit 15 you will talk about the future and make plans, invitations and suggestions.

Match Game

1. Invitations

Match the invitations or comments on the left with a suitable response from the right.

1. ¿Quisieras ir al teatro sábado por la noche?
2. ¿Estás libre esta tarde?
3. ¿Vamos a ver la película en la tele esta noche?
4. A las 7.30 delante de la estación - ¿vale?
5. ¿Estás ocupado el domingo?
6. Quisiera invitarte a celebrar mi cumpleaños.
7. Lo siento, pero doy clases todo el día el martes.

( ) a. Sí, voy a jugar al tenis.
( ) b. Estupendo! ¿Qué día es?
( ) c. Pues no importa.
( ) d. ¡Me gustaría mucho! ¿Qué ponen?
( ) e. Buena idea.
( ) f. Bueno. Nos veremos allí.
( ) g. ¿Por qué? ¿Qué pasa?

Talking Point

2. Birthday invitation

Fill in the blanks with an appropriate phrase.

Pili	Oiga, ¿eres Felipe? Soy Pili. ¿Puedo hablar con Cristina, por favor? ¿Está ahí?
Felipe	Hola, Pili. Sí, está. (1) _____ - está en el dormitorio. *(Shouting)* ¡Cristina! ¡Pili te llaman al teléfono! Ya viene, Pili.
Pili	Gracias. .....Cristina, ¡hola! (2) _____ . ¿Estás ocupada?
Cristina	No, es igual. Estaba arreglando el dormitorio. ¿Qué quieres?

a propósito
no importa
¿vale?
espera un momento
no sé
claro
perdona la molestia
creo que sí

Pili	Bueno, pues, ¿estás libre el martes que viene por la noche?
Cristina	(3) _____ . ¿Qué fecha es?
Pili	El dos, el dos de junio. Es el cumpleaños de Juan y vamos a salir con unos amigos a cenar al nuevo restaurante mejicano. ¿Queréis ir tú y Felipe?
Cristina	(4) _____ . Espera un momento, voy a mirar mi agenda. Sí, estoy libre. Ah, Felipe va a una reunión a Orense aquel día. (5) _____ ¡puedo ir yo!
Pili	Bien.
Cristina	¿Cuándo y dónde nos vemos?
Pili	En nuestra casa, sobre las 8.30. (6) _____ .
Cristina	Vale, muy bien. (7) _____ , ¿qué le vas a regalar para su cumpleaños?
Pili	(8) _____ quizás una pequeña máquina fotográfica o un reloj.

Word Power

3. The months

Write out the dates in full. Remember that in Spanish the day comes before the month.

Example: 15/3 *quince de marzo*

1. 23/2 _____
2. 14/12 _____
3. 21/1 _____
4. 30/4 _____
5. 24/6 _____
6. 31/3 _____

7. 12/10 _____
8. 1/5 _____
9. 11/11 _____
10. 19/8 _____
11. 7/7 _____
12. 2/9 _____

4. How about going to ...

Below are some places or events you might receive an invitation to. Rearrange the letters to find out what they are.

1. nice _____
2. raterot _____
3. nareaturtes _____
4. libea _____

5. tasife _____
6. coscatide _____
7. trocencio _____
8. osume _____

Language Focus

5. Did you give it to him?

Answer the questions.

Example: ¿Leíste el cuento a los niños? (anoche) _Sí, se lo leí anoche._

1. ¿Mandaste la tarjeta postal a mamá? (ayer por la mañana)

   ----

2. ¿Escribiste la carta a tu hermana? (la semana pasada)

   ----

3. ¿Regalaste el reloj a Felipe? (para su cumpleaños)

   ----

4. ¿Diste los calcetines a Emilio? (el otro día)

   ----

5. ¿Enviaste el fax al jefe? (anoche)

   ----

6. ¿Describiste tu trabajo a tus amigos? (en detalle)

   ----

6. *soler* or *ir a?*

Make questions using *soler* or *ir a*.

Example: ¿Qué/Vd/ver/tele/los sábados? _¿Qué suele Vd ver en la tele los sábados?_

¿Qué/Vd/ver/tele/esta tarde/? _¿Qué va Vd a ver en la tele esta tarde?_

1. ¿A qué hora/Emilio y Pepita/ir/el cine/hoy?

   ----

2. ¿Cuánto tiempo/Rosa/quedarse/Méjico/esta vez?

   ----

3. ¿Qué/tú/hacer/los fines de semana?

   ----

4. ¿Felipe/lavar/coche/los domingos?

   ----

5. ¿Qué/Cristina y Felipe/ver/teatro/hoy?

Reading Corner

7. The barbecue

Pepita's friends Pedro and Marta are having a barbecue for her. Below is an invitation to some more of their friends. Put the lines in the right order.

Querido Tomás:

1. traer a la familia y los trajes de baño. Los Pérez
2. por la tarde. Una vieja amiga está de visita desde
3. barbacoa. Vamos a preparar un
4. tres perros! Bueno, ¡hasta domingo – a partir de las dos!
5. montón para comer y beber, pues sólo tienes que
6. Hola, ¿qué tal estás? Os
7. España y vamos a hacerle una
8. invitamos a nuestra casa el domingo
9. vienen y Julia y Javier también, ¡con sus

Write Here

8. The game of tennis

Two friends are trying to arrange a game of tennis. Look at the calendar, and respond to the suggested times, as in the example.

Example: ¿Cómo te parece lunes por la noche?

Lo siento, pero lunes voy a ver una película con mi familia.

1. ¿Cómo te parece martes por la tarde?

2. ¿Cómo te parece el día 5, por la tarde?

3. ¿Cómo te parece jueves por la mañana o por la tarde?

4. ¿Cómo te parece el 6 de mayo?

5. ¿Cómo te parece sábado por la mañana?

6. ¿Cómo te parece domingo por la mañana?

MAYO						
lunes	martes	miércoles	jueves	viernes	sábado	domingo
3 6.30 cine con la familia	4 10.00- médico 6.00 visitar a mamá	5 2.00 golf con Tomás fiesta en casa de Cristina	6 cuidar a los niños	7 pintar el cuarto de baño	8 9.30 llevar a los niños al teatro	9 misa cenar con mamá

UNIT 16: Do you come here often?

In this unit you will find examples of small talk, and practice in asking for and giving permission to do something. You will also talk about how often you do something.

Match Game

1. Me too

Match the statements on the left with a response from the right.

1. A mí me encanta el ballet.
2. Estoy aprendiendo la guitarra.
3. A mí no me gustan los deportes.
4. Mis padres no vienen nunca.
5. No hago nada este fin de semana.
6. ¿A ustedes les gusta el teatro?
7. No le di a Juan Carlos un regalo de cumpleaños.
8. Mis padres viven en Córdoba.
9. Mi piso es muy caro.

( ) a. Los míos tampoco.
( ) b. Tampoco yo.
( ) c. Los míos también.
( ) d. Yo sí, un disco compacto.
( ) e. Sí, bastante.
( ) f. A mí, no.
( ) g. El mío también.
( ) h. Y yo el piano.
( ) i. A mí tampoco.

Talking Point

2. Small talk

Insert the definite or indefinite article if required.

Juana   Este es _____ bar precioso, ¿no? ¿vienes aquí a menudo?

Emilio   Sí, dos o tres veces por _____ semana. ¿Y tú? ¿Qué te gusta hacer en tus ratos libres?

Juana   Vamos a ver. Me gusta cantar, y estoy aprendiendo guitarra. Tengo clase todos _____ martes y sábados. Y me gusta pintura. Y voy bastante frecuentemente _____ cine también.

Emilio   Estás bastante ocupada, ¿no? Y ¿vas a veces _____ teatro?

Juana   Sí, me encanta _____ teatro.

Emilio	A mí, también. En efecto, tengo dos entradas para _____ Teatro Real, _____ viernes por _____ noche. ¿Te gustaría ir?
Juana	Sí, me gustaría muchísimo.
Emilio	Bien. Vamos a tomar _____ otra copa. Ah, _____ momentito.... ¿Por qué no vamos a _____ otro bar?
Juana	Si quieres.. Pero, ¿por qué? y ¿quién es aquella mujer extraña? ¿Qué está haciendo? ¿Por qué te está mirando?
Emilio	No es nada. No la conozco. Vamos.

Word Power

3. Categories

Put these words into the appropriate categories.

un teléfono   el fútbol   el francés   un calendario   una máquina fotográfica   la televisión
películas   la cocina   un ordenador   una pintura   una obra de teatro   la guitarra
un vídeo   un reloj   el dinero   una foto   la mecanografía

1. Things to learn _____

2. Things to watch or see _____

3. Things to use _____

Language Focus

4. I always do that.

Say what you always do or never do, choosing a verb from the box to suit the sentence.

Example: Yo siempre vengo aquí los sábados.

1. Yo siempre _____ un pastel para los domingos.

2. Yo siempre _____ frío en invierno.

3. Yo siempre _____ cerveza del supermercado los viernes.

4. Yo siempre _____ la misma historia cuando esa mujer me habla.

5. Yo nunca _____ sin paraguas en Pontevedra.

6. Yo siempre _____ con cuidado en esta ciudad.

7. Yo nunca me _____ mi mejor vestido cuando preparo la comida.

8. Yo nunca _____ qué hora es.

venir
saber
oír
traer
tener
poner
conducir
hacer
salir

5. Asking permission

Ask somebody's permission to do something, beginning *¿Me permites/me permite usted?* or *¿se puede?* + infinitive, as in the example. Use formal or familiar address according to the context.

Example: Vd quiere utilizar el teléfono de alguien.

¿Me permite Vd utilizar su teléfono?
¿Se puede utilizar su teléfono?

1. Vd quiere escuchar la radio.

   _____

2. Quiere leer el periódico de alguien.

   _____

3. Quiere utilizar la máquina fotográfica de alguien.

   _____

4. Quiere sentarse al lado de alguien.

   _____

5. Tiene frío. La ventana está abierta.

   _____

6. Hace calor. La puerta está cerrada.

   _____

6. Giving permission

Match these responses to the requests above, and write them in the appropriate place.

Example: ¿Me permite Vd utilizar su teléfono?

Claro. ¿A quién llama?

Give permission	Refuse permission
a. Sí, claro. hace frío, ¿no?	e. Pero no tiene rollo.
b. Claro. Siéntese.	f. Lo siento. Estoy leyéndolo.
c. Desde luego. ¿Qué programa ponen?	
d. Sí, apenas respiramos aquí.	

Reading Corner

7. ¿Cuántas veces?

After reading this description ask questions about the person's schedule, beginning with *¿Cuántas veces..?* to go with the responses below.

Example: <u>¿Cuántas veces da clase de español?</u>

Dos veces por semana.

1. _____

Dos noches por semana.

2. _____

Una vez por año.

3. _____

Dos veces por año.

4. _____

Una noche por mes.

5. _____

Un fin de semana por mes.

> Estoy bastante ocupada. Tengo un emple[o] a tiempo parcial como profesora de español, y doy clase los lunes, martes y viernes por la mañana. Voy a la piscina todos los martes y viernes por la noche, pero el primer viernes de cada mes tengo clase de baile, y por eso no puedo ir a la piscina entonces. Cada año hago camping con unos amigos, y este año vamos a Francia, y por eso actualmente hacemos clase de francés: sólo estudiamos una vez por semana, los miércoles por la mañana, pues no aprendemos mucho. Y no puedo ir la semana que viene porque voy al dentista (le veo una vez cada seis meses). Mi madre viene a visitarme una vez por mes, generalmente el primer fin de semana, pero este mes lo cambié, porque voy a una fiesta el sábado por la noche.

Write Here

8. Do you ever ...?

Answer these questions about yourself.

Example: ¿Hace Vd camping de vez en cuando? <u>Sí, hago camping unas dos veces por año.</u>

or <u>No, nunca hago camping.</u>

1. ¿Hace Vd esquí de vez en cuando? _____

2. ¿Escucha Vd ópera de vez en cuando? _____

3. ¿Habla Vd alemán de vez en cuando? _____

4. ¿Bebe Vd whiskey de vez en cuando? _____

5. ¿Va Vd en bicicleta de vez en cuando? _____

6. ¿Lleva Vd vaqueros de vez en cuando? _____

UNIT 17: It's going to be a busy month.

In Unit 17 you will talk about the future, predict what is going to happen, and ask for more information.

Match Game

1. Making sentences

Match the two parts to make complete sentences.

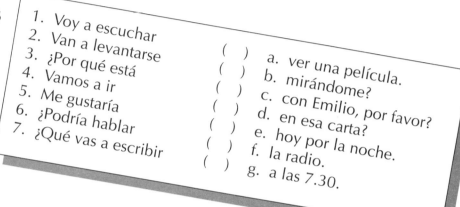

1. Voy a escuchar
2. Van a levantarse
3. ¿Por qué está
4. Vamos a ir
5. Me gustaría
6. ¿Podría hablar
7. ¿Qué vas a escribir

( ) a. ver una película.
( ) b. mirándome?
( ) c. con Emilio, por favor?
( ) d. en esa carta?
( ) e. hoy por la noche.
( ) f. la radio.
( ) g. a las 7.30.

Talking Point

2. The argument

Cristina is having an argument with her son Juan Carlos. Reorder the lines to find out what they are arguing about.

1. **Juan Carlos** No, no voy a aprobar, pero no importa.
2. **Juan Carlos** No voy a buscar trabajo.
3. **Juan Carlos** No, todavía no.
4. **Juan Carlos** No voy a la universidad. Voy a viajar a los Estados Unidos y luego a Argentina.
5. **Juan Carlos** No estoy haciendo nada. ¿Por qué?
6. **Cristina** ¿Qué no vas a buscar trabajo? Pues, ¿qué vas a estudiar en la universidad?
7. **Cristina** ¿Por qué no estás estudiando? ¡Tienes tus exámenes el mes que viene! ¿Y tu futuro? ¿No vas a aprobar tus exámenes?
8. **Cristina** Juan Carlos, ¿qué estás haciendo en tu cuarto?
9. **Cristina** ¿Por qué no importa? ¿Qué va a pasar después de tus exámenes? ¿Qué trabajo vas a hacer?
10. **Cristina** ¿Cómo? Y ¿de dónde vas a sacar el dinero? ¿Qué vas a hacer allí? ¿Por qué no me lo has dicho? ¿Se lo has dicho a tu padre?

Word Power

3. What's going to happen?

Use one of the words or phrases in the box to make a sentence for each picture.

Example:

Va a cerrar la ventana.

1.

1. _____

2. _____

3. _____

4. _____

5. _____

6. _____

7. _____

3.

2.

4.

7.

6.

5.

4. Choose the verb

1. (¿Oyó/escuchó) _____ Vd lo que pasó anoche?

2. ¿Cristina y Felipe van a (venir/ir) _____ a Méjico este año?

3. ¿Qué vas a (decirle/hablarle) _____ a tu marido?

4. (¿Viste/miraste) _____ los Pirineos desde el avión?

5. ¿El camarero va a (llevar/traer) _____ las cervezas?

6. Lo siento, pero no (entiendo/conozco) _____ la pregunta.

Language Focus

5. Gossip - making questions

Respond to these statements using *ir a*, as in the example.

Example: Vamos al extranjero este año.

(¿adónde/ir) *¿De verdad? ¿Adónde van a ir?* ----------------

1. Este mes Emilio compra un nuevo coche.

   (¿qué tipo?) --

2. La semana que viene pintamos el cuarto de baño.

   (¿de qué color?) --

3. Sábado por la noche llevo a Juana al teatro.

   (¿qué/ver?) --

4. El mes que viene Pedro y Marta mudan de casa.

   (¿adónde?) ---

5. El viernes Cristina invita a unos amigos a cenar.

   (¿A quiénes/invitar?) -------------------------------------

6. ¡Olé! ¡Tengo un nuevo empleo!

   (¿Cuándo/empezar?) --------------------------------------

6. Somebody/nobody, somewhere/nowhere, something/nothing

Complete the sentences with *alguien/nadie, alguna parte/ninguna parte, algo/nada*.

1. No vamos a la fiesta. No va a haber _____ interesante allí.

2. Cállate, estoy viendo _____ interesante en la tele.

3. No tenemos mucho dinero, pues no vamos a _____ este año.

4. ¿Hay _____ aquí?

5. La oficina de Cristina está en _____ de Villaverde.

6. Emilio me va a regalar _____ muy caro para mi cumpleaños.

7. ¿Cristina? ¿Estás ahí? _____ te quiere hablar por teléfono.

8. Tengo mucha hambre pero no hay _____ en el frigorífico.

Reading Corner

7. Your future

Read the horoscope, and then correct the statements below.

Example: Va a tener un buen mes en el trabajo.

No, voy a tener un mal mes en el trabajo.

1. Va a tener problemas con el dinero a principios del mes.

   ----

2. Va a haber noticias de la familia.

   ----

3. Su compañero va a estar contento/a.

   ----

4. Va a haber disputas con su jefe.

   ----

5. Va a ser un mes tranquilo socialmente.

   ----

6. No va a necesitar mucho ejercicio.

> ### Su horóscopo para este mes:
>
> **Trabajo:** Este no va a ser un buen mes para Vd, pues ¡tenga cuidado! Va a tener algunos problemas con los colegas al principio del mes y con el dinero al fin del mes.
>
> **Amor:** Va a recibir noticias de un/a viejo/a amigo/a - quizás una carta, quizás le llama por teléfono, y esto va a causar problemas con tu compañero/a; va a tener celos. Va a haber disputas.
>
> **Salud:** Va a ser un mes ocupado socialmente - muchas fiestas e invitaciones, pues ¡cuídese la salud! Va a necesitar mucho ejercicio, sueño y un régimen sano.

Write Here

8. Linda's resolutions

Last year, Cristina's daughter, Linda, wrote a list of ambitions in her secret diary, but now she's changed her mind about most of them. Using the notes below, write her new list of resolutions.

Example: casarme - ~~Juan~~ Esteban *No voy a casarme con Juan, voy a casarme con Esteban.*

1. aprender - ~~guitarra~~ piano

   ----

2. hacerme - ~~profesora~~ ingeniera

   ----

3. vivir - ~~Canadá~~ Brasil

   ----

4. conducir - ~~Rolls Royce~~ Porsche

   ----

5. ser - ~~hermosa~~ rica

   ----

6. tener - ~~perros~~ caballos

UNIT 18: Two tickets to Granada, please.

Unit 18 is about travel: buying tickets, finding out train times, asking for repetition of relevant information, and making polite requests.

Match Game

1. What for?

Match each question to a suitable response.

1. ¿Para qué va Vd a Granada?
2. ¿Para qué vas al centro de deportes?
3. ¿Para qué vas a la estación?
4. ¿Para qué vas al hotel Sol?
5. ¿Para qué vas al aeropuerto?
6. ¿Para qué vas al banco?

( ) a. para reservar una habitación para un amigo.
( ) b. para cambiar dinero.
( ) c. para ver a mis padres.
( ) d. para jugar al tenis.
( ) e. para sacar dos billetes para Córdoba.
( ) f. para esperar a un amigo que llega del Perú.

Talking Point

2. Buying train tickets

Juana is taking a reluctant Emilio to Granada to meet her parents. They are at the station now, buying tickets. Complete their conversation by filling in the blanks with words or phrases from the box.

Empleado ¿Qué desea?

Juana Quiero dos billetes de _____ a Granada, por favor.

Empleado ¿En el AVE? Y ¿ _____ Vds en el AVE?

Juana Sí. Dos de ida y vuelta en el AVE.

Empleado Aquí tienen. Son 8.000 pesetas.

Juana ¿ _____ ?

Empleado 8.000 pesetas, el suplemento AVE _____.

Juana Gracias. Puede decirme a qué hora _____ el tren para Granada?

sale
quedarme
vuelven
andén
ida y vuelta
incluido
debes
cuántos son

Empleado A ver. El AVE para Granada sale a las 09.27, del _____ 3.

Juana Gracias. Vamos, Emilio.

Emilio Pero quiero _____ en Pontevedra hoy, para lavar mi coche y para reunirme con mis amigos, y para ir al bar. ¿Para qué vamos a Granada hoy?

Juana Tú sabes para qué - para presentarte a mis padres. Vamos. Y me _____ 8.000 pesetas.

Word Power

3. *a* or no *a*?

Cross out *a* where it isn't necessary.

1. Emilio quiere *a* quedarse en Pontevedra hoy.

2. Va *a* ver *a* sus amigos.

3. Ya no quiere *a* Rosa, pero no quiere *a* Juana tampoco.

4. Juana va *a* llevar *a* Emilio *a* Granada para presentarle *a* sus padres.

5. Los padres de Juana tienen *a* tres perros.

4. *a* or *en*?

1. Los padres de Juana viven a/en Granada.

2. Hoy van a estar a/en casa.

3. Juana va a/en casa a verles.

4. Al volver a Pontevedra van a ir a cenar a/en un restaurante.

5. Emilio prefiere cenar a/en su bar favorito.

5. Word puzzle

All the clues in the puzzle are about travel and hotels.
Fill them in to find one more word connected with transportation.

1. Dos de _____ y vuelta a Los Cabos, por favor.

2. El tren sale del _____ 6.

3. ¿Vamos a comer en el _____ ?

4. ¿Tienen una habitación _____ ?

5. ¿Dónde está la _____ del autobús número 2?

6. ¿El precio incluye el _ _ _ _ _ _ _ _ _ ?

7. Dos _ _ _ _ _ _ _ _ _ de segunda para Santa Cruz, por favor.

8. ¿Aceptan tarjetas de _ _ _ _ _ _ _ _ _ ?

9. ¿Vamos en _ _ _ _ _ _ _ _ _ o en avión?

10. Necesitamos una habitación para tres _ _ _ _ _ _ _ _ _ .

Language Focus

6. Getting information

Imagine you can't understand or can't hear what someone says to you: ask for repetition.

Example: El próximo vuelo para Tokio es miércoles. *Perdone Vd, ¿cuándo?*

1. El próximo autocar para Sevilla es aquel azul. ----------------------------

2. Deme dos de ida para Segovia, por favor. ----------------------------

3. ¿El señor Moreno? Le ha llamado el señor Blanco. ----------------------------

4. Una habitación individual cuesta 6.400 pesetas por noche. ----------------------------

5. El próximo tren para Barcelona sale del andén 2. ----------------------------

6. El tren llega a París a las 12.35. ----------------------------

7. Polite requests - *¿Podría usted ...?*

Read the situations described below, and then make some appropriate requests, beginning *¿podría Vd...?*

Example: You want to know the time of the next coach to Sevilla.

¿Podría Vd decirme a qué hora sale el próximo autocar para Sevilla?

1. Somebody is speaking very quickly - you don't understand.

----

2. You want two return (round-trip) tickets to Alicante.

----

3. You want to know the way to the station.

----

4. You are on a plane, and you want some water.

Reading Corner

8. Rosa's diary

Rosa is keeping brief notes in her diary about each place the tour stays. Look at the notes below, then rewrite them in full sentences.

Example: hotel desastroso anoche.

Nos alojamos en un hotel desastroso anoche.

Handwritten note:

Hotel desastroso anoche. Todos en grupo se enfadan. No habitaciones dobles o con dos camas, no duchas. Habitaciones sucias, comida restaurante no buena. ¿Buscar otro hotel? — demasiado tarde. Disputa con gerente del hotel — hombre no simpático. Todos a España mañana. Vuelo llega Madrid-Barajas 14.30.

Write Here

9. Timetables

Write out conversations about the timetable, like the one in the example.

	Vigo	Pontevedra	Santiago	La Coruña
	06.04	06.36	07.52	09.03
1.	07.18	07.51	09.05	10.24
2.	09.58	10.26	11.38	12.55

Example:

Viajero ¿Puede decirme a qué hora sale el próximo tren de Pontevedra a La Coruña?

Empleado Sí. Sale a las 06.36.

Viajero Y ¿cuándo llega?

Empleado Llega a las 09.03.

1. **Viajero** _____

   Empleado _____

   Viajero _____

   Empleado _____

2. **Viajero** _____

   Empleado _____

   Viajero _____

   Empleado _____

UNIT 19: I feel terrible.

In this unit, which is about health and exercise, you will say how you feel, give advice, and name parts of the body.

Match Game

1. ¿Qué haces cuando tienes frío?

Match the two halves
of the sentence.

1. Cuando tengo frío	( )	a. me acuesto temprano.
2. Cuando me siento solo/a	( )	b. voy al centro de deportes.
3. Cuando tengo sueño	( )	c. siempre bebo agua o jugo de fruta.
4. Cuando tengo hambre	( )	d. me pongo otro suéter.
5. Cuando peso demasiado	( )	e. me hago un bocadillo de queso.
6. Cuando tengo sed	( )	f. llamo a mi mejor amigo/a.

Talking Point

2. Pareces cansada

Rosa has just returned from her Mexico trip yesterday, and today while out shopping she bumps into Emilio. Complete their conversation by choosing an appropriate form of the verb to fill the blanks. Note that (+) shows a positive verb and (-) shows a negative verb.

Emilio   ¡Rosa! ¡Bienvenida! ¿Cómo (ser+) _____ el viaje? (Parecer+) _____ un poco cansada.

Rosa   Sí, es verdad. Lo (pasar+) _____ estupendamente, pero el viaje de regreso es largo. (Estar+) _____ un poco desfasada por el viaje. Pero, ¡qué mal estás! ¿Qué (pasar+) _____ ?

Emilio   Me siento terrible. Tengo dolor de cabeza, me (doler+) _____ el estómago, y (poder-) _____ dormir anoche.

Rosa   ¿Es una resaca? O ¿tienes la gripe? ¿Por qué no vas a casa a acostarte?

Emilio   (Poder-) _____ . Tengo que ver a alguien en el bar a las 7.30.

Rosa   ¿Una mujer?

Emilio   Sí. En efecto, creo que es el problema. Ayer me (llevar+) _____ a Granada, y conocí a sus padres. (Comer+) _____ allí, pero su madre (cocinar+) muy mal. La comida estaba fatal, y yo (estar+) _____ enfermo en en tren en el viaje de regreso. Fue un día horroroso. Yo (querer-) _____ verla más.

Word Power

3. Body parts

Rearrange the letters to find names for parts of the body, and then find them on the picture.

1. ógasmote _____
2. abacez _____
3. ceñuma _____
4. irapen _____
5. oman _____
6. darillo _____
7. llobito _____
8. epi _____
9. doco _____
10. rucepo _____

4. *mirar, buscar* or *parecer?*

Choose the correct verb for each sentence.

1. Pablo es contable, pero no lo mira/busca/parece, ¿verdad?

2. ¿Por qué me miras/buscas/pareces así?

3. Rosa mira/busca/parece cansada hoy.

4. Cuando estuvo en Méjico, Rosa miró/buscó/pareció a una prima suya.

5. ¿Qué está Vd mirando/buscando/pareciendo? ¿Puedo ayudarle?

6. Rosa miraba/buscaba/parecía enfadada con el gerente del hotel.

7. - ¡Mire/busque/parezca usted cómo está esta habitación! - le dijo.

8. Tuvo que mirar/buscar/parecer otro hotel.

Language Focus

5. Advice

Give suitable advice in response to these comments, beginning *¿Por qué no...?* Use the *tú* form of the verb throughout.

Example: Me duelen los ojos. (llevar tus gafas) — *¿Por qué no llevas tus gafas?*

1. Me duele la cabeza. (tomar aspirinas) _____

2. Tengo un dolor de muelas horrendo. (ir al dentista) _____

3. Tengo mucho frío. (ponerse suéter) _____

4. Me siento terrible. (ver al médico) _____

5. Me siento tan cansado hoy. (acostarse temprano) _____

6. Mixed-up sentences

Rearrange the words to make sentences.

1. aburro/yo/voy/me/al/cuando/bar _____

2. ¿ves/por/médico/un/a/qué/no? _____

3. a/Emilio/hermano/parece/no/se/su _____

4. club/voy/nuevo/hacerme/a/aquel/de/deportivo/socio _____

5. parece/usted/hoy/bien/no/muy _____

6. cabeza/fiebre/duele/tengo/me/y/la _____

Reading Corner

7. Problem page

Read this letter to a magazine, and the answer, then correct the statements that follow.

Querida tía María:

¿Puede Vd ayudarme? Mi problema es que peso demasiado. Cuando era niña, mi madre hacía unos pasteles y postres maravillosos, y comí demasiado entonces. ¡Pesaba demasiado cuando tenía doce años! El año pasado me puse de régimen, pero no adelgacé. Ahora sigo otro régimen, pero es igual. Y no puedo dormir, porque siempre tengo hambre. Me siento muy mal ... y muy sola. ¿Qué puedo hacer?

Paquita

Example: La madre de Paquita cocinaba mal.

No. Cocinaba bien. _____

1. Paquita no comía mucho cuando era niña.

----

2. Adelgazó mucho al ponerse de régimen.

----

3. Se siente mal porque siempre tiene hambre.

----

4. Cuando pesa demasiado, el régimen y el ejercicio no son importantes.

----

5. Conoces a mucha gente aburrida al hacer los deportes.

----

6. Te pones mal cuando haces ejercicio.

Write Here

8. *Cuando yo tenía 12 años, ...*

Make sentences about the various events in this person's life, beginning each one with *Cuando yo ...*

Example: 12 – me rompí la pierna *Cuando yo tenía 12 años, me rompí la pierna.*

1. hacía camping en Galicia – llovió todos los días

----

2. en la universidad – llevaba gafas

----

3. vivía en Madrid – hacía footing todos los días

----

4. trabajaba como jardinero – en buena forma

----

5. trabajaba como camarero – me puse muy gordo

----

6. de vacaciones a Francia – tuve la gripe

UNIT 20: How long have you lived here?

In Unit 20 you will find practice with talking about your experiences, and saying how long something has lasted.

Match Game

1. Have/haven't done

Match the sentences that have
the same meaning.

1. Todavía está lloviendo.
2. Todavía vivimos en Buenos Aires.
3. Todavía estoy leyendo el periódico.
4. Ya no queda vino.
5. Cristina está todavía en la oficina.
6. Juan Carlos está todavía en la cama.
7. No me acuerdo de su nombre.
8. El tren salió hace 5 minutos.

( ) a. Lo hemos bebido todo.
( ) b. Me he olvidado de cómo se llama.
( ) c. Todavía no se ha ido a casa.
( ) d. Lo hemos perdido.
( ) e. No ha parado.
( ) f. No hemos mudado de casa.
( ) g. Todavía no se ha levantado.
( ) h. No lo he terminado todavía.

Talking Point

2. *Todavía no se ha levantado.*

It's Saturday morning, and Cristina has been out shopping. When she gets back, her daughter Linda is in the kitchen drinking coffee. Read their conversation, and then say whether the statements that follow are true or false.

Cristina ¿Dónde está Juan Carlos?

Linda No sé. No le he visto esta mañana.

Cristina ¿Cómo? ¿No se ha levantado todavía? ¡Es casi la hora de comer!

Linda Creo que fue a la discoteca anoche. Sin duda está cansado.

Cristina Me da igual. ¿Juan Carlos? ¿Juan Carlos? ¡Levántate! ¡Es la hora de comer! Linda, ¿has hecho tu cama?

Linda No, todavía no. Voy a hacerla esta tarde.

Cristina	Pero vas al festival de jazz esta tarde.
Linda	Ya lo sé, ya lo sé.
Cristina	¿Has salido de paseo con el perro? No lo has hecho, ¿verdad?
Linda	No. Lo siento. Me olvidé.
Cristina	¿Te olvidaste? Linda, ¿qué te ha pasado? Te olvidas de tantas cosas recientemente. ¿Han llamado por teléfono?
Linda	Sí, ha habido tres llamadas, pero todas han sido para mí.

1. Juan Carlos está todavía en la cama.   *Verdad/mentira*

2. Linda vio a Juan Carlos en una discoteca.   *Verdad/mentira*

3. Linda no ha arreglado su cuarto.   *Verdad/mentira*

4. Linda no ha salido de paseo con el perro.   *Verdad/mentira*

5. La familia ha almorzado.   *Verdad/mentira*

6. No han llamado por teléfono esta mañana.   *Verdad/mentira*

Word Power

3. ¿*Desde* or *desde hace*?

Fill in the blanks with *desde* or *desde hace*.

1. Vivimos en Nueva York _____ 1982.

2. Cristina está de régimen _____ su cumpleaños.

3. Cristina y Felipe están casados _____ 26 años.

4. Emilio parece fatal. Tiene la gripe _____ el martes pasado.

5. Sólo conozco a Emilio _____ un mes.

4. ¿*Has ... alguna vez*?

Some words have become mixed up between these sentences: write them again correctly.

1. ¿Has comido alguna vez la pierna?   ----------------------------------

2. ¿Has montado alguna vez en un almacén grande? ----------------------------------

3. ¿Has ido alguna vez la guitarra?   ----------------------------------

4. ¿Has tocado alguna vez el vino chileno?   ----------------------------------

5. ¿Has vivido alguna vez a caballo?   ----------------------------------

6. ¿Has bebido alguna vez la comida japonesa? _____

7. ¿Te has roto alguna vez en Montevideo? _____

8. ¿Has trabajado alguna vez a un festival de jazz? _____

Focus on structure

5. *Sopa de letras*

Can you find the past participles of the following verbs in the *sopa de letras*.
The first one has been done for you.

trabajar abrir beber
caer dar decir escribir
escuchar freír hablar
hacer ir llegar mirar
oír poner romper salir
ser vivir volver

6. Choose the tense

Choose which tense of the verb is the more appropriate in each of these sentences.

1. (Fuimos/hemos estado) _____ tres veces en Suiza recientemente.

2. (¿Fuiste/has ido) _____ a Córdoba en el tren ayer?

3. (Viví/he vivido) _____ en Chile cuando era niña.

4. ¿Desde cuándo (estás/has estado) _____ casado?

5. (Conozco/he conocido) _____ a los padres de Juana desde hace dos semanas.

6. Juan Carlos todavía no (ha lavado/lavó) _____ el coche.

7. Perdone, (me he olvidado/me olvidé) _____ de cómo se llama su esposa.

8. El tren para Córdoba (salió/ha salido) _____ ya hace cinco minutos.

9. Emilio (es/ha sido) _____ reportero desde el principio del mes.

Reading Corner

7. The jazz festival

Complete the newspaper article by writing an appropriate verb in the spaces.

escrito   dormirse
oído   encanta
recibido   paró
quejado   vivo

Los habitantes de Villaverde se quejan del festival.

La policía ha _____ más de cien quejas acerca del ruido del festival de jazz en el Parque Central de Villaverde el sábado y domingo pasados. «Yo _____ en esta calle al lado del parque desde hace 18 años, y en mi vida he _____ semejante ruido,» dijo la Sra Patricia Molinero, de calle del Parque, 24. «No _____ hasta medianoche, y nuestros niños pequeños no podían _____ » dijo el Sr Juan Sastre, de la Arboleda del Parque, 37. Su esposa, Juana, dijo: «Nos hemos _____ a la policía, y hemos _____ cartas a los periódicos. Nos _____ el jazz, pero esta música fue un desastre.»

Write Here

8. Have you done it yet?

Cristina has been out again this afternoon, but left a list of things for Juan Carlos to do in the house. She's just phoned home to see whether he's done them or not. Look at the picture, and answer her questions, using the cues provided.

Example: arreglar/sala de estar   ¿Has arreglado ya la sala de estar?

Sí, ya la he arreglado. or *No, no la he arreglado todavía.*

1. lavar/coche

----

2. hacer/la compra

----

3. barrer/el suelo

----

4. fregar/platos

----

5. hacer/bocadillos

----

6. echar/cartas al correo

UNIT 21: I haven't seen you for ages!

In this unit you will find practice with things you say when meeting friends and discussing what has been happening to you. You will also describe when something happened.

Match Game

1. ¿Qué hacías cuando ...?

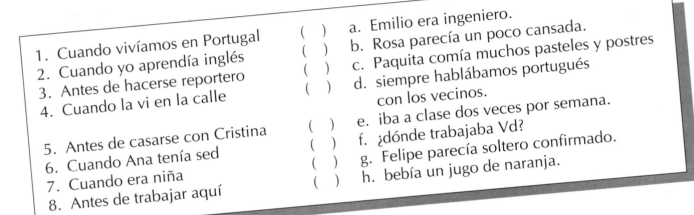

1. Cuando vivíamos en Portugal
2. Cuando yo aprendía inglés
3. Antes de hacerse reportero
4. Cuando la vi en la calle

5. Antes de casarse con Cristina
6. Cuando Ana tenía sed
7. Cuando era niña
8. Antes de trabajar aquí

( ) a. Emilio era ingeniero.
( ) b. Rosa parecía un poco cansada.
( ) c. Paquita comía muchos pasteles y postres
( ) d. siempre hablábamos portugués
        con los vecinos.
( ) e. iba a clase dos veces por semana.
( ) f. ¿dónde trabajaba Vd?
( ) g. Felipe parecía soltero confirmado.
( ) h. bebía un jugo de naranja.

Talking Point

2. ¡Cuánto tiempo sin verte!

Put the correct form of the verb in the gaps.

Rosa   ¡Ana! ¡Hace meses que no te (ver) _____ ! ¿Qué tal estás?

Ana   Rosa, ¡cuánto me alegro de (ver) _____ te! Estoy muy bien. Oye, ¡(oír) _____ hablar de tu nuevo trabajo!

Rosa   Sí, ya hace unos dos meses que (trabajar) _____ para la compañía de viajes, y me (gustar) _____ mucho. No he estado mucho en Pontevedra, porque he (estar) _____ de viaje en Méjico. ¿Y tú? ¿Qué has estado (hacer) _____ ?

Ana   Sigo (trabajar) _____ en el hospital. Oye, ayer (ver) _____ allí a tu antiguo novio.

Rosa	¿A quién? ¿A Emilio?
Ana	Sí. Yo estaba (pasar) _____ por la recepción, cuando le (ver) _____ .
Rosa	¿Qué estaba (hacer) _____ allí?
Ana	No sé. Yo estaba (charlar) _____ con otro paciente en aquel momento, pues no podía (preguntarle) _____ . Estaba (sentar) _____ en el rincón, y se estaba (frotar) _____ la cabeza.
Rosa	¡Dios mío! ¿Un accidente?
Ana	Quizás. Estaba con una mujer joven. Ella (parecer) _____ muy enfadada, y no estaban (hablar) _____ .
Rosa	¡Ah! ¡Una riña!

Word Power

3. Opposites

What are the opposites of these verbs?

1. perder   _____
2. contestar   _____
3. comprar   _____
4. ir   _____

5. enseñar   _____
6. recibir   _____
7. olvidarse   _____
8. despertarse _____

Language Focus

4. Old friends

You bump into an old friend you haven't seen for years, and begin talking about what's been happening in your lives. Ask questions about your friend's comments, beginning *¿Desde cuándo...?* as in the example.

   Example: Ahora hago vestidos.   *¿De verdad? ¿Desde cuándo los haces?*

1. Ahora estudio el chino.   _____
2. Mi hermana vive en el Brasil ahora.   _____
3. Ahora mi hermano enseña economía.   _____
4. Pedro compra y vende coches ahora.   _____
5. Ahora mis padres juegan al golf.   _____

5. When did it happen *¿Cuándo pasó?*

Example: ¿Cuándo conociste a tu novia? (trabajar en Zaragoza)

La conocí cuando estaba trabajando en Zaragoza.

1. ¿Cuándo encontraste el dinero? (limpiar el armario)

   _____

2. ¿Cuándo te rompiste el brazo? (esquiar en Los Portillos)

   _____

3. ¿Cuándo se casaron? (vivir en Santiago de Chile)

   _____

4. ¿Cuándo llamó Linda? (hablar con un cliente)

   _____

5. ¿Cuándo perdió Emilio su cartera? (visitar a sus padres)

   _____

6. ¿Cuándo tuvo Vd el accidente? (viajar a Panamá)

   _____

Reading Corner

6. The letter

Put the pieces together to find Rosa's letter to her mother.

1. con su nueva novia. Estaban riñendo, ¡y su

2. rato, de modo que no compré tu regalo - lo siento. Ha

3. encontré con ella ayer. Me sorpendí mucho. Estaba haciendo la compra en

4. estado trabajando en el hospital, y la semana pasada vio a Emilio allí

5. novia todavía le estaba pegando allí en el hospital! ¡Ja, ja ja!

6. Galería Ritz para tu regalo de

7. ¿Te acuerdas de mi vieja amiga Ana? ¡me

8. mucho y ¡parece estupenda! Estuvimos hablando largo

9. cumpleaños, cuando la vi. Ha adelgazado

Write Here

7. What were you doing when Mom came home?

What was happening when Mom came home? Look at the picture for a minute, then cover it up and answer the questions below.

1. ¿Qué estaba leyendo el hombre? _____

2. ¿Qué estaba comiendo el hombre? _____

3. ¿Llevaba sombrero? _____

4. ¿En qué estaba sentado? _____

5. ¿Dónde estaban jugando los niños? _____

6. ¿La niña estaba riéndose o llorando? _____

7. ¿Qué estaba agitando el niño? _____

8. ¿Dónde estaba el gato? _____

9. ¿Qué estaba haciendo el gato? _____

UNIT 22: We'll miss the train if we don't hurry.

In Unit 22 you'll find practice with using the future tense, and with talking about probabilities.

Match Game

1. Similar meanings

Find a word in the second group that is similar in meaning to a word in the first group. (Be careful - there are more words than you need in the second group.)

> gustar   vale   gordo   irse
> probablemente   volver
> empezar   hablar   mirar
> entonces

> entrar   encontrar   también   ver
> comenzar   peso   encantar
> regresar   tirar   contar   a lo mejor
> derecho   pues   grueso   charlar
> marcharse   bien   terminar   fatal

Talking Point

2. Nothing will happen

Felipe and Cristina are talking about a country walk on the weekend. Read their conversation, and then make up questions to go with the answers below.

Felipe	He estado pensando en el fin de semana que viene.
Cristina	Vale. ¿Y qué?
Felipe	Bueno, pues, viernes y lunes son fiesta, ¿no?
Cristina	Sí...
Felipe	¿Por qué no nos vamos a alguna parte para los cuatro días? Vamos a la Sierra. Podemos hacer unas excursiones a pie en las montañas.
Cristina	Pero a los niños no les gusta nada andar en las montañas.
Felipe	No llevaremos a los niños. Les dejaremos aquí.
Cristina	¿Cómo? ¿Dejarles solos?

Felipe	No hay problema. No pasará nada. Estarán bien. Podrán atenderse a sí mismos. Ya tienen dieciséis y diecisiete años.
Cristina	Lo sé, pero... ¿Y la comida?
Felipe	A lo mejor comerán hamburguesas y pizzas para el desayuno, el almuerzo y la cena. No te preocupes.
Cristina	Y a lo mejor tendrán una fiesta, pasarán la noche bailando.
Felipe	Que no. Son niños razonables.
Cristina	Bueno pues, a mí sí que me gustaría irme para el fin de semana... De acuerdo, vamos.

Example: ¿En qué ha estado pensando Felipe? En el fin de semana.

1. _____ Quiere ir a la Sierra.

2. _____ No, no les llevarán.

3. _____ No, no les gusta nada.

4. _____ Tienen 16 y 17 años.

5. _____ A lo mejor comerán hamburguesas y pizzas.

6. _____ No. Son niños razonables.

Word Power

3. What will happen?

Complete the sentences by filling in an appropriate noun and verb.

tuerzo   empujo   tiro de
tuerzo   empujo   llave
botón   manivela
interruptor   palanca

1. ¿Qué pasará si yo _____ esta _____ ? La ventana se abrirá.

2. ¿Qué pasará si yo _____ este _____ ? Las luces se encenderán.

3. ¿Qué pasará si yo _____ esta _____ ? La puerta se abrirá.

4. ¿Qué pasará si yo _____ esta _____ ? El motor se pondrá en marcha.

5. ¿Qué pasará si yo _____ este _____ ? La radio se encenderá.

4. You'll get ...

Find an appropriate word to complete these sentences.

1. Juan Carlos, estarás _____ mañana si no te acuestas temprano hoy.

2. Paquita, te pondrás _____ si comes hamburguesas cada día.

3. Hace mucho calor. Tendrás _____ si no bebes algo.

4. Tendrás _____ si no comes tu almuerzo.

5. Vas a estar _____ si bebes más vino.

6. Todavía es invierno. Tendremos _____ si abres la ventana.

Language Focus

5. *al, sin, para* or *de?*

Complete the sentences by putting *al, sin, para* or *de* in the blanks.

1. Necesitas tres huevos _____ hacer esta tortilla.

2. Rosa se aburre _____ vivir en Pontevedra.

3. Emilio no puede cambiar su trabajo _____ mudar de casa.

4. Compré harina _____ hacer pan.

5. No puedes hacer pan _____ comprar harina.

6. _____ llegar a Cancún, Rosa llamó a sus amigos.

7. No queríamos irnos _____ despedirnos de Vds.

8. _____ volver de Méjico, Rosa estaba bastante cansada.

6. Myself

Use one of the reflexive pronouns in the box to fill the blanks in the following sentences.

1. Los sábados Juan Carlos _____ levanta muy tarde.

2. Hace una hora que Linda está en el cuarto de baño. Estará duchándo _____

3. Linda y Juan Carlos, _____ comportaréis bien, ¿no?

4. Felipe, ¿qué haces? _____ afeito en el cuarto de baño.

5. ¿Cómo _____ rompiste la pierna?

6. ¡Cuánto _____ alegramos de verte!

7. ¿ _____ acuerda Vd de mi amiga Ana?

8. El año pasado _____ casé con un chico francés.

me
te
se
nos
os

Reading Corner

7. The party invitations

Here are two party invitations that have been mixed up. Can you straighten them out?

1. Mamá y papá se van para

2. Es el cumpleaños de Rosa el

3. fin de semana que viene (tendrá 30 años), pues

4. el fin de semana, y no volverán hasta lunes, pues

5. queremos hacerle una fiesta. La haremos en

6. ¡vamos a tener una fiesta! será

7. el sábado por la noche, a partir de las 8.30. A lo mejor

8. mi piso el viernes por la noche a partir de las 8.00. Yo no

9. prepararé comida para la fiesta, pero ¿podrías traer

10. voy a preparar comida, porque no tendré tiempo. ¿Podrías traer

11. algo de comer?

12. algo de beber?

13. Gracias. Hasta sábado. Linda.

14. Gracias. Hasta viernes. Susana.

Write Here

8. Will you be all right if we go away for the weekend?

Cristina is imagining all the things that Juan Carlos and Linda will do if she and Felipe go away for the weekend. Make up sentences like the one in the example.

Example: **A lo mejor tendrán una fiesta.** _____

1. _____
2. _____
3. _____
4. _____
5. _____
6. _____

6. ¿ver la tele todo el día? ¡sí!

Example: ¿fiesta? ¡sí!

4. ¿ir de paseo con el perro? ¡no!

1. ¿bailar toda la noche? ¡sí!

5. ¿dormir hasta las 12? ¡sí!

2. ¿hamburguesas para el desayuno? ¡sí!

3. ¿arreglar su dormitorio? ¡no!

UNIT 23: What did you say?

In this unit you will relate what people have said, and how they said it.

Match Game

1. How did she say it?

Match the sentences on the left to an appropriate ending.

1. – ¡Nos vamos a casar! –
2. – Mi gato se murió ayer –
3. – ¡Juan Carlos! ¡No hagas eso! –
4. – Emilio, ¡te quiero! –
5. – ¡Chiss! El bebé está durmiendo –
6. – ¡Date prisa! ¡Ya son 8! –
7. – Este es mi décima copa de vino –
8. – Ahí van Emilio y su nueva novia –

( ) a. dijo apasionadamente.
( ) b. dijo tranquilamente.
( ) c. dijo emborrachada
( ) d. dijo impacientemente
( ) e. dijo con enojo.
( ) f. dijo celosamente
( ) g. dijo alegremente.
( ) h. dijo tristemente.

Talking Point

2. What did he say?

Rosa got this phone call from Emilio last night. Today she is telling her friend Ana about it. Rewrite the conversation in her words.

Emilio Te llamo para decir adiós.

Rosa ¿Adónde te vas?

Emilio (1) Me voy de Pontevedra. Voy a Costa Rica.

Rosa (2) ¿Por qué te vas?

Emilio (3) Tengo demasiados problemas aquí.

Rosa (4) ¿Qué clase de problemas tienes?

Emilio (5) Tengo toda clase de problemas. (6) No me gusta mi trabajo, mi jefa no me quiere, y tengo demasiados problemas con mis amigas.

Rosa	(7) ¿Qué vas a hacer en Costa Rica?
Emilio	(8) No sé todavía. A propósito, (9) ¿qué haces el viernes por la noche?
Rosa	(10) No hago nada. (11) ¿Por qué?
Emilio	(12) Tengo dos entradas para el teatro.

Example: _Dijo que llamaba para decir adiós. Le pregunté adónde iba._

1. _____
2. _____
3. _____
4. _____
5. _____
6. _____
7. _____
8. _____
9. _____
10. _____
11. _____
12. _____

Word Power

3. Laugh or cry?

Match the sentences to an appropriate verb.

1.	¡Socorro!	a.	rio.
2.	Por favor, ¿qué hora es?	b.	pensó.
3.	Son las dos y media	c.	gritó.
4.	¡Chisss! ¡Silencio!	d.	lloró.
5.	¡Ay! ¡Qué triste estoy …!	e.	contestó.
6.	¡Qué película más divertida!	f.	susurró.
7.	Mmmmm – ¡qué bonita …!	g.	preguntó.

Language Focus

4. Adverb or adverbial phrase?

Match the adverb in the first column with an adverbial phrase of similar meaning in the second.

1. evidentemente		a. llorando
2. verdaderamente		b. en voz baja
3. tristemente		c. riéndose
4. alegremente		d. claro
5. fuertemente		e. de prisa
6. silenciosamente		f. con fuerza
7. rápidamente		g. sin decir nada
8. tranquilamente		h. de veras

5. Yes or no?

Change these sentences, as in the example.

Example: – ¿Vas a casa? – le preguntó.

Le preguntó si iba a casa.

1. – ¿Hace frío fuera? – le preguntó Felipe.

2. – ¿Te gusta el cine? – le preguntó él.

3. – ¿Quieres vino? – preguntó Felipe a su amigo.

4. – ¿Vas a ir al teatro? – preguntó Emilio a Rosa.

5. – ¿Están bien tus padres? – le preguntó.

Reading Corner

6. I heard it in the bank

Cristina was in the bank, when she overheard two young people behind her. When she got home, she told Felipe about it. Read what she said, and then rewrite the conversation in the word balloons.

El chico le preguntó a la chica qué hacía este fin de semana, y ella dijo que iba a una fiesta. Pues le preguntó dónde estaba la fiesta, y ella le dijo que estaba en Villaverde, y que iba a ser una fiesta fantástica. El chico le preguntó por qué iba a ser una fiesta fantástica, y ella dijo que porque los padres de su amiga iban a estar fuera durante el fin de semana. Luego él le preguntó cómo se llamaba su amiga, y ella dijo que se llamaba Linda, y que el hermano de su amiga se llamaba Juan Carlos ...

Write Here

7. ¿Qué se dice?

Answer the questions as in the example.

Example: ¿Qué se dice cuando se quiere saber el precio de algo?

Se dice: ¿Cuánto cuesta esto?

1. ¿Qué se dice cuando se quiere saber cómo ir a la estación?

2. ¿Qué se dice antes de acostarse por la noche?

3. ¿Qué se dice si uno se quiere sentar al lado de alguien en el tren?

4. ¿Qué se dice cuando se quiere saber a qué hora se cierra la biblioteca?

5. ¿Qué se dice cuando se quiere saber la edad de alguien?

6. ¿Qué se dice cuando se quiere invitar a alguien a ver una película esta noche?

UNIT 24: Review

This final unit gives you a chance to review all the work you have done in the previous units.

1. Opposites

What's the opposite of:

1. un poco _____
2. limpio _____
3. llegar _____
4. tarde _____
5. igual _____

6. siempre _____
7. fuerte _____
8. mal _____
9. comprar _____
10. encontrar _____

2. Find the word

What are these words?

1. p _ nd _ _ nt _ s   Los llevas en las orejas.
2. c _ rr _ d _   No abierto.
3. z _ n _ h _ r _ _   Legumbre.
4. _ sq _ _ r _ s _   ¡Horrible!
5. r _ p _ d _ m _ nt _   De prisa.
6. c _ s _ d _   Tiene marido.
7. p _ rd _ n   Lo siento.
8. m _ ñ _ n _   Primera parte del día.
9. _ e _ _ e _ _ o   Bebida fría.
10. e _ _ o _ _ a _ _ a _ o   Has tomado mucho vino.
11. _ i _ í _ i _   No fácil.
12. _ ie _ _ a   No ves bien con este tiempo.
13. e _ _ uia _   Necesitas mucha nieve para esto.

3. Tense time?

Choose the suitable form for each verb.

1. Mañana Rosa (volvió/volverá) _____ de Méjico.

2. ¿(Has visto/estás viendo)_____la nueva película de Almodóvar en el cine Planeta?

3. ¿Emilio (encontrará/encontraré) _____un nuevo empleo en Madrid?

4. El año que viene (fuimos/vamos)_____al Ecuador.

5. Cuando yo (estaban trabajando/estaba trabajando)_____en Washington, (viajé/viajaré)_____mucho por los Estados Unidos.

6. (Ponga/pone) _____Vd las zanahorias en esta bolsa, por favor.

7. Cristina (ha vivido/vive) _____en Pontevedra desde hace muchos años.

8. Vamos a (terminando/terminar) _____aquí.

4. Mind your Cs and Qs!

The words in the box below begin with four different sounds. Put them into their four groups.

> **chico quince quién cuándo cero chino clase compra clima cuatro churros cuarto cuenta cincuenta casi cuidar como chaqueta claro quinientos color caro cerrado chocolate qué**

'K'   'KW'   'TH' or 'S'   'CH'

5. Find the mistake

Cross out the word that is wrong in each sentence and write in the correct one:

1. Juan Carlos es la persona muy alta de la familia.   _____

2. Creo que va para nevar mañana.   _____

3. ¿Quisieras va al teatro este fin de semana?   _____

4. Le compré un regalo por qué era su cumpleaños.   _____

5. ¿Quisieras ir a la montaña en domingo?   _____

6. Pongan Vd las botellas en la mesa, por favor.   _____

7. No hago algo esta tarde.   _____

8. Trabajo aquí desde tres años.   _____

6. Birthday presents

Cristina is thinking of what to buy Felipe for his birthday. She makes a list of possibilities, but can you decipher what she finally gets him?

1. Se lleva en el cuello.
2. Con éstos no tienes las manos frías.
3. Para saber qué hora es.
4. Para llevar sobre la camisa.
5. Los llevas en las orejas.
6. Los llevas en los pies.
7. La llevas en la parte superior del cuerpo.
8. Si Felipe quiere sacarle una foto a Cristina.
9. Lo llevas cuando hace un poco frío.
10. Pantalones de ocio.
11. (vertical) ¿Qué le compró?

7. Has she done it yet?

Cristina is very busy today, so she has made a list of things to do. It's now lunchtime, and she is looking at her list. Have I done it or not? - she asks herself. Make sentences like the ones in the example.

Example: comprar pan ✓ *¿Has comprado el pan? Sí, lo he comprado*

preparar cena *¿Has preparado la cena? No, tengo que prepararlo todavía.*

1. llamar a mamá

2. limpiar cuarto de baño ✓

3. arreglar dormitorios ✓

4. echar correos

5. ir a la biblioteca ✓

6. salir con perro ✓

8. The postcard

Postcards are usually written in note form to save space – rewrite this postcard in full sentences.
Felipe and Cristina are on vacation in Greece.

> Martes. Mucho calor generalmente. Hoy llueve. Hotel estupendo - pequeño, tranquilo, gran piscina, dos restaurantes. Muchas personas interesantes. En el mar todos los días. La compra - difícil - ¡el idioma! Gente simpática, comida excelente. Volver sábado.
>
> ¡Hasta luego!

Hoy es martes. _____

_____

_____

_____

_____

_____

9. Questions about you

1. ¿Qué ropa lleva Vd en este momento?

2. ¿Se parece a su madre o padre?

3. ¿Qué tiempo hace hoy?

4. ¿Adónde fue Vd de vacaciones el año pasado?

5. ¿Cuántas veces va Vd al dentista?

6. ¿Ha estado alguna vez de régimen?

7. ¿Dónde vivía cuando era niño/a?

8. ¿Desde cuándo estudia Vd español?

REFERENCE
SECTION

Answer Key

Unit 1

1. yo soy/estoy; tú eres/estás; él, ella, usted, el coche, Miguel es/está; nosotros/Rosa y yo somos/estamos; Pablo y tú, vosotros sois/estáis; ellos, los señores Pérez son/están.

2. es, me llamo, perdone, está, soy, conocer, quiere, estás.

3. francés, inglés, Colombia, Corea, italiano, norteamericano, Méjico/México, japonés, Brasil, Chile, peruano.

4. uno, dos, tres, cuatro, cinco, seis, siete, ocho, nueve, diez, once, doce.

5. 1. está 2. es 3. está 4. está 5. son 6. es 7. soy 8. estoy 9. estoy 10. están.

6. 1. No es francesa 2. No son de Madrid 3. No es café 4. No es Pedro 5. No estoy soltera.

7. Emilio Torres es español. Es de Madrid. Su dirección es Calle del Bosque, 28. No está casado, está soltero. Tiene 31 años. Su novia se llama Rosa. Es de León. Tiene 29 años.

8. Free answers.

Unit 2

1. 1d 2e 3b 4a 5f 6g 7c

2. un, un, una, una, un, una, una, una, una, una, una.

3. tiene veinticuatro años, tienen treinta y dos años, tengo cuarenta y tres años, tiene cuarenta y tres años, tenemos cuarenta y tres años, tiene sesenta y cinco años, tienes catorce años, tiene cincuenta y seis años.

4. Male: abuelo, tío, hermano, hijo, sobrino, marido. Female: abuela, tía, hermana, hija, sobrina, señora. Most male words end in o, and female in a.

4. 1. Juan 2. hermana 3. marido 4. Juanita 5. hijo 6. sobrina, sobrino 7. madre, padre 8. abuela.

5. 1. tienes 2. tengo 3. tienen 4. tenemos 5. tiene 6. tiene.

6. 1. ¿Tiene usted coche? 2. ¿Dónde vive la novia de Emilio? 3. ¿El señor Vicente es de Barcelona?/Es de Barcelona el señor Vicente? 4. ¿Cómo se llama su jefe? 5. ¿Cuántos años tienen los hijos de Susana? 6. ¿Qué es su marido?

7. 1. No, tiene un nuevo empleo. 2. No, es periodista/reportero. 3. No, es una empresa grande. 4. No, tiene siete sucursales. 5. No, es fotógrafa.

8. ¿Su dirección es Avenida de los Robles, 47? No, es Avenida de los Olmos, 47. ¿Está usted casada? Sí (estoy casada). ¿Cómo se llama su marido? Se llama Felipe. ¿Es contable? No, es profesor. ¿Es de París? No, es de Zaragoza.

Unit 3

1. 1a 2d 3e 4g 5b 6f 7c

2. en, del, hay, hay, tienes, puertas, detrás, dos, cerca, detrás.

3. negro, amarillo, gris, azul, blanco, verde, marrón, rojo, naranja.

4. 1. tienda 2. servicio 3. vestíbulo 4. huevo 5. gimnasio.

5. 1. trabaja 2. viven 3. hablan 4. como 5. jugamos 6. trabaja 7. escribe 8. viajamos.

6. 1. ¿Hay (una) ducha en el cuarto de baño? Sí, hay. 2. ¿Hay (una) lavadora en la cocina? No, no hay. 3. ¿Hay huevos en el frigorífico? Sí, hay. 4. ¿Hay restaurantes en Villaverde? Sí, hay. 5. Hay mujeres en la oficina? No, no hay. 6. Hay una alfombra verde en la sala de estar? Sí, hay.

7. 1. piscina 2. gimnasio 3. teléfonos públicos 4. cafetería 5. librería 6. agencia de viajes 7. sofás, sillas y mesitas 8. aseos 9. restaurante.

8. 1. ¿Cuántos dormitorios hay? 2. ¿Hay lavadora? 3. ¿De qué color es la sala de estar? 4. ¿Dónde está el garaje? 5. ¿Hay árboles en el jardín? 6. ¿Dónde está el jardín?

Unit 4

1. cinco-zapato-ciudad; como-quién-queso; cuatro-cuánto-cuál; gato-gracias-gusto; japonés-gerente-general; chocolate-churro-chico.

2. 1. Juan Carlos está todavía en la cama. 2. Juan Carlos tiene el periódico de Felipe. 3. Felipe está listo. 4. A Felipe le gustan los churros con chocolate. 5. A Linda no le gustan. 6. Linda está de régimen.

3. 1. Son las siete. 2. Son las tres y media. 3. Son las once. 4. Son las seis y media.

4. 1. A las siete y media está en el baño. 2. A las ocho y media está en su coche. 3. A las nueve está en su oficina. 4. A la una y media está en el restaurante. 5. A las siete y media está en el gimnasio. 6. A las nueve y media está delante del televisor.

5. 1. me 2. le 3. le 4. les 5. nos 6. te 7. le.

6. 1. gustan 2. gusta 3. encanta 4. gusta 5. encantan 6. gustan

7. c e a d f b h g

8. 1. ¿A Carmen le gusta ir de compras? Sí, le gusta muchísimo. 2. ¿A Pedro y Carmen les gusta la natación? Sí, les gusta mucho. 3. ¿A Cristina le gusta la natación? Sí, le gusta bastante. 4. ¿A Carmen le gusta bailar? No, no le gusta en absoluto. 5. ¿A Carmen le gusta el tenis? No, no le gusta nada. 6. ¿A Pedro le gusta ir al bar? Sí, le encanta. 7. Free answers.

Unit 5

1. 1c 2e 3a 4f 5h 6b 7g 8d

2. juego, juego, aprendo, aprendo, lees, preparas, veo, visito, ceno, salgo, salgo.

3. a. leer b. conducir/viajar c. ver/mirar d. tocar
   e. ducharse/tomar una ducha f. escribir.

4. (Possible answer) levantarse, ducharse/bañarse, desayunar, ir al trabajo, empezar el trabajo, almorzar, terminar el trabajo, preparar la cena, leer el periódico, ver la televisión, acostarse.

5. 1. Siempre juego al fútbol los sábados. 2. (A menudo) Ana visita a sus padres (a menudo). 3. Generalmente Emilio va al trabajo en su coche. 4. Yo generalmente/Generalmente yo no bebo vino tinto. 5. (A veces) Cristina va al gimnasio (a veces) los viernes. 6. Linda nunca come carne.

6. 1. van 2. va 3. vas 4. vivimos 5. come 6. conduce.

7. a las, al, a las, a, a las, a, a, al, a, a la, a, a, al, a las.

8. Free answers.

Unit 6

1. 1c 2f 3d 4h 5a 6g 7b 8e

2. 1. Le gustan el azul, el gris y el negro. 2. No, no le gusta. 3. Cuesta 11.000 (once mil) pesetas. 4. Quiere una camisa de algodón. 5. No, no (las) tiene. 6. No, no la conoce.

3. 1. camisa 2. suéter 3. calcetines 4. falda 5. corbata 6. vaqueros 7. zapatos 8. chaqueta 9. blusa 10. abrigo.

4. 1. mil pesetas 2. mil doscientas pesetas 3. dos mil setecientas pesetas 4. cinco mil novecientas noventa y cinco pesetas 5. siete mil ochocientas setenta y cinco pesetas 6. cien pesos 7. doscientos ochenta y tres pesos 8. cuatrocientos sesenta y cinco pesos 9. ciento veinte pesos 10. quinientos pesos.

5. 1. cuestan 2. tiene 3. quiere 4. quiero, prefiero 5. prefiere 6. piensas 7. cuesta 8. duermo 9. vuelvo.

6. 1. aquéllos 2. aquella 3. esta 4. estos 5. esa 6. esto.

7. gusta, detesta, gusta, va, compra, vuelve, prepara, está, come, cocinan, van.

8. 1. ¿Qué talla quiere? 2. ¿Cuánto cuesta/es/vale? 3. ¿De qué color es? 4. ¿Cuánto cuestan/son/valen? 5. ¿En qué puedo servirle/la? 6. ¿Dónde están las corbatas?

Unit 7

1. 1e 2g 3c 4a 5h 6b 7f 8d

2. cerca, ve, allí, encima, a, está, delante, y, conmigo, dónde, quién

3. 1. primero 2. segundo 3. tercero 4. cuarto 5. quinto 6. sexto 7. séptimo 8. octavo 9. noveno 10. décimo.

4. 1. la biblioteca 2. Correos/el estanco 3. la piscina 4. el banco 5. el supermercado 6. la carnicería 7. el restaurante 8. el bar.

5. 1. en 2. a 3. a 4. a 5. en 6. en 7. a 8. en.

6. 1. Siga todo recto en el cruce/En el cruce siga todo recto. 2. Tuerza a la derecha delante del museo/delante del museo tuerza a la derecha. 3. Tome la segunda calle a la izquierda. 4. Vaya hasta el final de la calle. 5. Cruce la plaza y el museo está delante de Vd.

7.

8. ¿Cuándo está abierta la biblioteca? De lunes a viernes está abierta desde las diez de la mañana hasta las ocho de la noche, y los sábados de las diez de la mañana hasta la una de la tarde. Está cerrada los domingos. 2. ¿Cuándo está abierto Correos? De lunes a viernes está abierto desde las nueve de la mañana hasta las siete y media de la tarde/noche, y los sábados desde las nueve hasta las doce y media. Los domingos está cerrado. 3. ¿Cuándo está abierto el Restaurante Cádiz? Está abierto desde las siete y media de la tarde/noche hasta medianoche/las doce los lunes, miércoles, jueves y viernes y hasta las doce y media de la noche los sábados. Está cerrado los martes y los domingos.

Unit 8

1. 1d 2g 3e 4f 5b 6a 7h 8c

2. pasó, reñimos, reñisteis, vio, preguntó, dije, entendió, dije, fui, tuviste, fue, llegué, vio.

3. 1. gimnasio 2. puente 3. voy 4. comió 5. sólo

4. 1. natación 2. Correos 3. jugué 4. comió 5. qué.

5. ustedes, niños jóvenes, estos hombres, mujeres bonitas, coches japoneses, profesoras inglesas, ciudades españolas, aviones rápidos, lápices grises, aquellos trenes.

6. 1. eran 2. estaba 3. era 4. estaba 5. era 6. era.

7. 1. fuiste/fue Vd 2. viste/vio Vd 3. comió Juan Carlos 4. faldas compraste/compró Vd 5. fueron las chicas 6. se levantó Emilio.

8. 1. Le/lo vio en la calle del Puente. 2. Estaba con una mujer. 3. Sí, la vieron. 4. Fue/volvió a casa. 5. (Llamó) a su madre. 6. Emilio la llamó.

9. 1. ¿Qué hizo Rosa el viernes por la tarde? Visitó a sus padres. 2. ¿Qué hizo Emilio el sábado por la mañana? Se encontró con Pepe. 3. ¿Qué hizo Felipe el sábado por la tarde? Fue al gimnasio. 4. ¿Qué hizo Ana el domingo por la noche? Fue al bar con Susana. 5. ¿Qué hizo Susana el viernes por la noche? Vio/miró la tele(visión).

Unit 9

1. 1d 2g 3h 4b 5a 6c 7f 8e

2. fui, divertí, alojaste, fue/era, gustan, me divertí, comí, bebí, bailé, encontré, hice, pasé/pasamos, hizo, dimos, nadamos, visitamos, preparasteis, cocinamos, comimos, encontramos.

3. 1. mil novecientos ochenta y cinco 2. mil novecientos sesenta 3. mil ochocientos ochenta y uno 4. mil novecientos noventa y cinco 5. mil setecientos 6. mil novecientos setenta y ocho 7. mil novecientos noventa 8. dos mil uno.

4. 1.bicicleta 2.autobús 3.coche 4.avión 5.taxi 6.motocicleta 7. autocar 8.caballo.

5. Preterite: comiste, nadó, bebió, vivimos, visteis, tuvieron, llegaron.

   Present: vengo, vas/eres, escribe, sale, estamos, bailáis, dicen, hacen.

6. 1d 2e 3g 4f 5c 6a 7b

7. 1. ¿Cuándo/en qué año nació Cristina? 2. ¿Cuándo/en qué año vino su familia a España? 3. ¿Dónde vivieron? 4. ¿Dónde/en qué ciudad fue a la universidad? 5. ¿Qué estudió? 6. ¿Cuándo/en qué año se casó con Felipe?

8. 1.¿Telefoneó al camping? 2.¿Compró provisiones? 3.¿Lavó el coche? 4. ¿Fue al banco? 5.¿Limpió las botas para caminar? 6.¿Comprobó la tienda?

Unit 10

1. 1f 2e 3b 4a 5c 6g 7d

2. 9–3–8–2–6–1–12–7–11–5–4–13–10

3. Fruit: manzana, plátano, limón, naranja, fresa. Vegetable: lechuga, patata, guisantes, judías, zanahorias, cebolla. Meat: pollo, cordero, bistec, jamón, cerdo, salchichas, chorizo.

4. 1c 2e 3a 4g 5d 6b 7h 8f

5. 1.enséñeme 2.ponga 3.deme 4.tome 5.tráiganos 6.esperen

6. 1. La cerveza está a 150 pesetas la botella. 2. La mantequilla está a 175 pesetas el paquete. 3. Los bombones están a 750 pesetas la caja. 4. El pan está a 30 pesetas la barra. 5. Las alubias están a 70 pesetas la lata. 6. El puré de tomate está a 95 pesetas el tubo. 7. El agua mineral está a 60 pesetas el litro. 8. Las zanahorias están a 35 pesetas el medio kilo.

7. 1. ¿Quiénes riñeron ayer? Cristina y Felipe. 2. ¿Felipe hace ejercicio/hace ejercicio Felipe? No, no lo hace. 3. ¿Come mucho desayuno? Sí, mucho. 4. ¿Quién compra cerveza y hamburguesas? Felipe. 5. ¿Suele jugar a menudo al tenis? No, no suele. 6. ¿Cuándo tiene cincuenta años? El año que viene.

8. 1. Rosa toma zumo de naranja, yogur y tostadas para el desayuno, y para el almuerzo toma un bocadillo. 2. Felipe toma huevos, salchichas, tostadas y café o té para el desayuno, y para el almuerzo toma una hamburguesa o una pizza.

Unit 11

1. 1d 2g 3i 4h 5b 6a 7e 8f 9c

2. escribir a máquina, utilizar, hablar, hablar, conducir, conducir, conducir, montar, enseñar, vivir, empezar.

3. 1. = example 2. ¿Sabe Vd hablar francés? 3. ¿Sabe Vd escribir a máquina? 4. ¿Sabe Vd cocinar? 5. ¿Sabe Vd conducir? 6. ¿Sabe Vd cantar?

4. enfermera, periodista, ingeniero, cartero, guardia, cocinero, piloto, médico, camarero, dentista, pintor, bombero.

5. 1. ¿A dónde va Rosa? 2. ¿Cuándo va? 3. ¿Por qué va allí? 4. ¿Dónde se aloja? 5. ¿Cómo es el hotel? 6. ¿Quién va con ella?

6. 1e 2d 3a 4h 5g 6b 7c 8f

7. 1. porque tiene un nuevo trabajo. 2. porque está muy ocupada. 3. porque no estaba en casa. 4. porque hace frío y siempre llueve.

8. 1. ¿Sabe Felipe hablar inglés? Sí, sabe hablar muy bien. 2. ¿Sabe Juan Carlos hablar inglés? No, no sabe hablar inglés. 3. ¿Sabe Cristina esquiar? Sí, sabe esquiar un poco. 4. ¿Saben Juan Carlos y Linda esquiar? No, no saben esquiar en absoluto. 5. ¿Sabe Juan Carlos jugar al tenis? Sí, sabe jugar muy bien. 6. ¿Sabe Linda hablar inglés? Sí, sabe hablar un poco.

Unit 12

1. 1g 2e 3h 4a 5c 6b 7f 8d

2. 1b 2a 3b 4c 5b 6c

3. 1. primero 2. cuatrocientas cincuenta pesetas 3. dieciséis 4. sesenta 5. diez mil quinientos 6. tercero 7. mil novecientos noventa y siete 8. setecientas setenta y cinco pesetas.

4. 1. frío 2. nunca 3. bueno 4. blanco 5. abierto 6. fácil 7. cerca 8. tía 9. ¡adiós!/¡hasta luego! 10. casado 11. mujeres 12. invierno.

5. 1. ¿Cuánto cuestan? 2. ¿Cuándo la compraste/compró Vd? 3. ¿A qué hora/cuándo se cierra? 4. ¿De qué color es? 5. ¿Cuántos años/qué edad tiene? 6. ¿Tienes/tiene Vd hijos?

6. 1. tuve 2. hiciste 3. hablamos 4. dijo 5. nadé 6.vinieron 7. fue 8. esperaron 9. bebisteis 10. condujo.

7. 1. No fuimos de compras ayer. 2. La casa no tiene jardín. 3. No le gusta mucho su nuevo trabajo. 4. No compré manzanas esta mañana. 5. Nunca se levanta/no se levanta nunca a las siete. 6. No hicieron camping el año pasado.

8. 1. ¿Qué número de zapatos quiere? 2. ¿La sección de caballeros está en la tercera planta? 3. Nuestra casa es la segunda a la derecha. 4. Cristina y su familia se alojaron en un hotel. 5. ¿Hay queso en el frigorífico? 6. No puedo jugar al tenis porque estoy ocupado.

9. 1. es = está 2. tengo = tiene 3. jugo = juego 4. en = a 5. mí = yo 6. está = es.

10. 1. arroz 2. café 3. guisantes 4. pescado 5. leche 6. cebollas 7. harina 8. vino 9. patatas 10. salchichas 11. zanahorias

Unit 13

1. 1f 2d 3b 4h 5a 6g 7c 8e

2. 1. true 2. false 3. true 4. false 5. false 6. true

3. 1. contento/feliz 2. viejo 3. caro 4. corto 5. moreno 6. bajo 7. pequeño 8. ligero.

4. 1. la nariz 2. la boca 3. la barbilla 4. el pelo 5. el ojo 6. la oreja 7. los dientes/las muelas 8. el cuello.

5. 1. Felipe es más gordo que Emilio. 2. Rosa es más joven que Emilio 3. Madrid es más grande que Salamanca. 4. El español es más fácil que el japonés. 5. Cristina es más bonita que Rosa. 6. Esta falda es mejor que aquélla.

6. 1. Emilio es el periodista más listo de la compañía. 2. Linda es la chica más delgada de su clase. 3. Sevilla es la ciudad más calurosa de España. 4. Esta camisa es la más bonita de la tienda. 5. Estos zapatos son los más caros de la zapatería.

7. misma, más, alto, largo, ojos, llevo, tengo.

8. 1. Simón pesa más. 2. Susana pesa menos. 3. Simón es el mayor. 4. Esteban es el más alto. 5. Esteban es más joven que Susana. 6. Simón y Susana son más bajos que Esteban. 7. Esteban y Simón tienen el pelo más moreno que Susana. 8. Simón tiene el pelo más corto.

Unit 14

1. 1c 2f 3e 4b 5a 6d

2. haciendo, llamando, trabajando, viviendo, viviendo, visitando, haciendo, lavando, limpiando, escuchando, trabajando

3. 1. está caliente 2. trabajando 3. ahora 4. semana 5. paraguas 6. procesador de textos.

4. 1. cantando 2. visitando 3. lavando 4.leyendo 5. llamando 6. trabajando 7 escribiendo 8. nadando. = COLOMBIA

5. 1. me ducho, estoy bañándome/me estoy bañando. 2. compra, está comprando. 3. conduce, está conduciendo. 4. viajo, estoy viajando. 5. prepara, está preparando. 6. están patinando, patinan.

6. 1. ¿Qué está bebiendo? 2. ¿Está trabajando? 3. ¿Cuántas personas hay en el grupo? 4. ¿Cuándo llamó a sus amigos? 5. ¿Cuántos niños/hijos tienen? 6. ¿Dónde trabaja/está trabajando Marisol? 7. ¿Está trabajando Pablo?

7. 1. Cristina no está preparando el desayuno, está preparando la cena. 2. Juana no está escribiendo una tarjeta postal, está escribiendo una carta. 3. Emilio y su amigo no están bebiendo vino, están bebiendo cerveza. 4. Juan Carlos no está trabajando como camarero, está trabajando como cartero. 5. Linda no está esquiando, está patinando. 6. Papá no está leyendo una revista, está leyendo un periódico.

Unit 15

1. 1d 2g 3e 4f 5a 6b 7c

2. 1. espera un momento 2. perdona la molestia 3. creo que sí 4. claro 5. no importa 6. ¿vale? 7. a propósito 8. no sé

3. 1. veintitrés de febrero 2. catorce de diciembre 3. veintiuno de enero 4. treinta de abril 5. veinticuatro de junio 6. treinta y uno de marzo 7. doce de octubre 8. uno/primero de mayo 9. once de noviembre 10. diecinueve de agosto 11. siete de julio 12. dos de setiembre.

4. 1. cine 2. teatro 3. restaurante 4. baile 5. fiesta 6. discoteca 7. concierto 8. museo

5. 1. Sí, se la mandé ayer por la mañana. 2. Sí, se la escribí la semana pasada. 3. Sí, se lo regalé para su cumpleaños.

4. Sí, se los di el otro día. 5. Sí, se lo mandé anoche. 6. Sí, se lo describí en detalle.

6. 1. ¿A qué hora van Emilio y Pepita a ir al cine hoy? 2. ¿Cuánto tiempo Rosa va a quedarse en Méjico esta vez? 3. ¿Qué sueles (tú) hacer los fines de semana? 4. ¿Felipe suele lavar el coche los domingos? 5. ¿Qué van a ver Cristina y Felipe al teatro hoy?

7. 6–8–2–7–3–5–1–9–4

8. 1. Lo siento, pero martes por la tarde voy a visitar a mi madre. 2. Lo siento pero el día cinco por la tarde voy a jugar al golf. 3. Lo siento pero el jueves todo el día voy a cuidar a los niños. 4. Lo siento, pero el día seis voy a pintar el cuarto de baño. 5. Lo siento, pero el sábado por la mañana voy a llevar a los niños al teatro. 6. Lo siento, pero el domingo por la mañana voy a ir a misa.

Unit 16

1. 1f 2h 3i 4a 5b 6e 7d 8c 9g

2. un, x, la, los, la, al, al, el, el, x, la, x, un, x.

3. Learn: el francés, la guitarra, la mecanografía. Watch: el fútbol, la televisión, películas, una pintura, una obra de teatro, un vídeo, una foto. Use: un teléfono, un calendario, una máquina fotográfica, la cocina, un ordenador, un reloj, el dinero.

4. 1. hago 2. tengo 3. traigo 4. oigo 5. salgo 6. conduzco 7. pongo 8. sé.

5. 1. ¿Me permite Vd poner la radio? 2. ¿Me permite leer su periódico? 3. ¿Me permite utilizar su máquina? 4. Se puede sentar ahí? 5. ¿Me permite cerrar la ventana? 6. Me permite/se puede abrir la puerta?

6. a5, b4, c1, d6, e3, f2

7. 1. Cuántas veces va a la piscina? 2. ¿Cuántas veces hace camping? 3. ¿Cuántas veces va al dentista? 4. ¿Cuántas veces tiene clase de baile? 5. ¿Cuántas veces viene su madre?

8. Free answers.

Unit 17

1. 1f 2g 3b 4e 5a 6c 7d

2. 8–5–7–1–9–2–6–4–10–3

3. 1. Van a chocarse. 2. Va a llover. 3. Va a caerse. 4. Va a echar una carta (al correo). 5. Va a llegar tarde. 6. Va a romperse. 7. Va a abrir la puerta.

4. 1. oyó 2. ir 3. decirle 4. viste 5. traer 6. entiendo.

5. 1. ¿De verdad? ¿Qué tipo (de coche) va a comprar? 2. ¿De verdad? ¿De qué color van/vais a pintarlo? 3. ¿De verdad? ¿Qué vais/van a ver? 4. ¿De verdad? ¿Adónde van a vivir? 5. ¿De verdad? ¿A quiénes va a invitar? 6. ¿De verdad? ¿Cuándo vas a empezar?

6. 1. nadie 2. algo 3. ninguna parte 4. alguien 5. alguna parte 6. algo 7. alguien 8. nada.

7. 1. No, voy a tener problemas con los colegas al principio del mes or Voy a tener problemas con el dinero al fin del mes. 2. No, va a haber noticias de un viejo amigo/una vieja amiga. 3. No, va a tener celos.

4. No, va a haber disputas con mi compañero/a. 5. No, va a ser un mes activo. 6. Sí – voy a necesitar mucho ejercicio.

8. 1. No voy a aprender la guitarra, voy a aprender el piano. 2. No voy a hacerme profesora, voy a hacerme ingeniera. 3. No voy a vivir en el Canadá, voy a vivir en el Brasil. 4. No voy a conducir un Rolls Royce, voy a conducir un Porsche. 5. No voy a ser hermosa, voy a ser rica. 6. No voy a tener perros, voy a tener caballos.

Unit 18

1. 1c 2d 3e 4a 5f 6b

2. ida y vuelta, vuelven, cuántos son, incluido, sale, andén, quedarme, debes.

3. 1. Emilio quiere quedarse en Pontevedra hoy. 2. Va a ver a sus amigos. 3. Ya no quiere a Rosa, pero no quiere a Juana tampoco. 4. Juana va a llevar a Emilio a Granada para presentarle a sus padres. 5. los padres de Juana tienen tres perros.

4. 1. en 2. en 3. a 4. a 5. en

5. 1. ida 2. andén 3. restaurante 4. doble 5. parada 6. desayuno 7. billetes 8. crédito 9. tren 10. noches: = AEROPUERTO.

6. Perdone Vd, 1. ¿cuál? 2. ¿(para) dónde? 3. ¿quién? 4. ¿cuánto? 5. ¿de qué andén?/¿cuál? 6. ¿a qué hora.

7. 1. ¿Podría Vd hablar más despacio, por favor? 2. ¿Podría Vd darme dos de ida y vuelta para Alicante? 3. ¿Podría Vd decirme cómo se va a la estación? 4. ¿Podría traerme agua, por favor?

8. Possible version: Todos en el grupo se enfadaron. No había habitaciones dobles o con dos camas. No había duchas. Las habitaciones estaban sucias, y la comida en el restaurante no estaba buena. No podía buscar otro hotel – no era demasiado tarde. Tuve una disputa con el gerente – no era un hombre muy simpático. Todos volvemos a España mañana. El vuelo llega a Madrid-Barajas a las 14.30.

9. 1. – ¿Puede decirme a qué hora sale el próximo tren de Vigo a Santiago? – Sí. Sale a las siete dieciocho. – Y ¿cuándo llega? – Llega a las nueve cinco.

2. – ¿Puede decirme a qué hora sale el próximo tren de Vigo a La Coruña? – Sí. Sale a las nueve cincuenta y ocho. – Y ¿cuándo llega? – Llega a las doce cincuenta y cinco.

Unit 19

1. 1d 2f 3a 4e 5b 6c

2. fue, pareces, pasó, estoy, pasa, duele, no pude/podía, no puedo, llevó, comí, cocina, estuve, no quiero.

3. 1 estómago 2 cabeza 3 muñeca 4 pierna 5 mano 6 rodilla 7 tobillo 8 pie 9 codo 10 cuerpo

4. 1. parece 2. miras 3. parece 4. buscó 5. buscando 6. parecía 7. mire 8. buscar.

5. 1. ¿Por qué no tomas aspirinas? 2. ¿Por qué no vas al dentista? 3. ¿Por qué no te pones un suéter? 4. ¿Por qué no ves al médico? 5. ¿Por qué no te acuestas temprano?

6. 1. Cuando me aburro voy al bar/Voy al bar cuando me aburro. 2. ¿Por qué no ves a un médico?

3. Emilio no se parece a su hermano. 4. Voy a hacerme socio de aquel nuevo club deportivo. 5. Usted no parece muy bien hoy. 6. Tengo fiebre y me duele la cabeza/me duele la cabeza y tengo fiebre.

7. 1. Sí, comía mucho. 2. No, no adelgazó. 3. No, se siente mal porque no puede dormir. 4. Sí. Son importantes 5. No. Conoces a mucha gente interesante. 6. No. Te pones mejor.

8. 1. Cuando hacía camping en Galicia, llovió todos los días. 2. Cuando estaba en la universidad, llevaba gafas. 3. Cuando vivía en Madrid, hacía footing todos los días. 4. Cuando trabajaba como jardinero, estaba en buena forma. 5. Cuando trabajaba como camarero, me puse muy gordo. 6. Cuando estaba de vacaciones en Francia, tuve la gripe.

Unit 20

1. 1e 2f 3h 4a 5c 6g 7b 8d

2. 1. verdad 2. mentira 3. verdad 4. verdad 5. mentira 6. mentira

3. 1. desde 2. desde 3. desde hace 4. desde 5. desde hace.

4. 1. ...la comida japonesa 2. ... a caballo 3. ...a un festival de jazz 4. ...la guitarra 5. ...en Montevideo 6. ...el vino chileno 7. ...la pierna 8. ...en un almacén grande.

5. trabajado, abierto, bebido, caído, dado, dicho, escrito, escuchado, frito, hablado, hecho, ido, llegado, mirado, oído, puesto, roto, salido, sido, vivido, vuelto.

6. 1. hemos estado 2. fuiste 3. viví 4. estás 5. conozco 6. ha lavado 7. me he olvidado 8. salió 9. es.

7. recibido, vivo, oído, paró, dormirse, quejado, escrito, encanta

8. 1. ¿Has lavado el coche ya? Sí, ya lo he lavado. 2. ¿Has hecho la compra ya? Sí, ya la he hecho. 3. ¿Has barrido el suelo ya? No, no lo he barrido todavía. 4. ¿Has fregado los platos ya? No, no los he fregado todavía. 5. ¿Has hecho los bocadillos ya? Sí, ya los he hecho. 6. ¿Has echado las cartas al correo ya? No, todavía no las he echado. (Note: todavía may precede or follow the verb in 3, 4 and 6.)

Unit 21

1. 1d 2e 3a 4b 5g 6h 7c 8f

2. veo, ver, he oído, trabajo, gusta, estado, haciendo, trabajando, vi, pasando, vi, haciendo, charlando, preguntarle, sentado, frotando, parecía, hablando.

3. 1. encontrar/hallar 2. preguntar 3. vender 4. venir 5. aprender 6. dar/regalar 7. acordarse/recordar 8. dormirse

4. 1. ¿De verdad? ¿Desde cuándo lo estudias? 2. ¿De verdad? ¿Desde cuándo vive allí? 3. ¿De verdad? ¿Desde cuándo la enseña? 4. ¿De verdad? ¿Desde cuándo los compra y vende? 5. ¿De verdad? ¿Desde cuándo juegan?

5. 1. Lo encontré cuando estaba limpiando el armario. 2. Me lo rompí cuando estaba esquiando en Los Portillos. 3. Se casaron cuando estaban viviendo en Santiago de Chile. 4. Llamó cuando estaba hablando con un cliente. 5. Lo perdió cuando estaba visitando a sus padres. 6. Lo tuve cuando estaba viajando a Panamá.

6. 7–3–6–9–8–2–4–1–5

7. 1. Estaba leyendo un periódico. 2. Estaba comiendo una hamburguesa. 3. Sí. 4. Estaba sentado en un sofá. 5. Estaban jugando debajo de la mesa. 6. Estaba llorando. 7. Estaba agitando una cuchara. 8. Estaba sobre/en la mesa. 9. Estaba comiendo un pescado.

Unit 22

1. gustar-encantar, vale-bien, gordo-grueso, irse-marcharse, probablemente-a lo mejor, volver-regresar, empezar-comenzar, hablar-charlar, mirar-ver, entonces-pues

2. 1. ¿Adónde quiere ir Felipe? 2. ¿Llevarán a los niños? 3. ¿(A los niños) les gusta andar? 4. ¿Cuántos años/qué edad tienen (los niños)? 5. ¿Qué comerán? 6. ¿Son tontos/estúpidos los niños?

3. 1. tuerzo – manivela 2. empujo – interruptor 3. tiro de – palanca 4. tuerzo – llave 5. empujo – botón

4. 1. cansado 2. gorda 3. sed 4. hambre 5. borracho 6. frío.

5. 1. para 2. de 3. sin 4. para 5. sin 6. al 7. sin 8. al

6. 1. se 2. se 3. os 4. me 5. te 6. nos 7. se 8. me

7. Invitation 1: 1–4–6–7–9–12–13. Invitation 2: 2–3–5–8–10–11–14.

8. 1. A lo mejor bailarán toda la noche. 2. A lo mejor comerán hamburguesas para el desayuno. 3. A lo mejor no arreglarán sus cuartos/dormitorios . 4. A lo mejor no irán de paseo con el perro. 5. A lo mejor dormirán hasta las 12. 6. A lo mejor pasarán todo el día viendo la televisión.

Unit 23

1. 1g 2h 3e 4a 5b 6d 7c 8f

2. 1. Dijo que se iba de Pontevedra y que iba a Costa Rica. 2. Pregunté por qué se iba. 3. Dijo que tenía demasiados problemas aquí. 4. Pregunté qué clase de problemas tenía. 5. Dijo que tenía toda clase de problemas. 6. Dijo que no le gustaba su trabajo, que su jefa no le/lo quería, y que tenía demsasiados problemas con sus amigas. 7. Pregunté qué iba a hacer en Costa Rica. 8. Dijo que todavía no (lo) sabía. 9. Me preguntó qué hacía el viernes por la noche.

10. Dije que no hacía nada. 11. Le pregunté por qué. 12. Dijo que tenía dos entradas para el teatro.

3. 1c 2g 3e 4f 5d 6a 7b

4. 1d 2h 3a 4c 5f 6g 7e 8b

5. 1. Felipe le preguntó si hacía frío fuera. 2. Le preguntó si le gustaba el cine. 3. Felipe preguntó a su amigo si quería vino. 4. Emilio (le) preguntó a Rosa si iba a ir al teatro. 5. Le preguntó si estaban bien sus padres.

6. 1. ¿Qué haces este fin de semana? 2. Voy a una fiesta. 3. ¿Dónde está la fiesta? 4. Está en Villaverde. Va a ser una fiesta fantástica. 5. ¿Por qué va a ser una fiesta fantástica? 6. Los padres de mi amiga van a estar fuera durante el fin de semana. 7. ¿Cómo se llama tu amiga? 8. Se llama Linda, y su hermano se llama Juan Carlos.

7. 1. Se dice ¿Por favor, cómo se va a la estación? 2. Se dice ¡Buenas noches!. 3. Se dice ¿Se puede?. 4. Se dice ¿A qué hora se cierra la biblioteca? 5. Se dice ¿Cuántos años/qué edad tiene(s)?. 6. Se dice ¿Quisieras/te gustaría ver una película esta noche?.

Unit 24

1. 1. mucho 2. sucio 3. salir/irse 4. temprano/mañana 5. diferente 6. nunca 7. débil 8. bien 9. vender 10. buscar

2. 1. pendientes 2. cerrado 3. zanahoria 4. asqueroso 5. rápidamente 6. casada 7. perdón 8. mañana 9. refresco 10. emborrachado 11. difícil 12. niebla 13. esquiar

3. 1. volverá 2. has visto 3. encontrará 4. vamos 5. estaba trabajando, viajé 6. ponga 7. vive 8. terminar

4. 'k': clima, quince, quinientos, quién, clase, compra, qué, como, claro, color, casi, caro; 'kw': cuándo, cuatro, cuarto, cuenta, cuidar; 'th' or's': cincuenta, cero, cerrado; 'ch': churros, chino, chico, chaqueta, chocolate.

5. 1.. muy>más 2. para>a 3. va>ir 4. por qué > porque 5. en>el 6. pongan>ponga 7. algo>nada 8. desde>desde hace.

6. 1. corbata 2. guantes 3. reloj 4. chaqueta 5. pendientes 6. zapatos 7. camisa 8. máquina fotográfica 9. suéter 10. vaqueros 11. calcetines.

7. 1. Tengo que llamarle todavía 2. Ya lo he limpiado 3. Ya los he limpiado 4. Tengo que echarlas todavía. 5. Sí, he ido a la biblioteca 6. Sí, he salido con el perro.

8. Hoy es martes. Generalmente hace/ha hecho mucho calor, pero hoy llueve/está lloviendo. El hotel es estupendo: es pequeño y tranquilo, tiene una gran piscina y dos restaurantes. Hay (hemos conocido) a muchas personas interesantes. Nos bañamos todos los días. Es difícil hacer la compra porque ¡no hablamos el idioma! Pero la gente es muy simpática y la comida (es) excelente. Volvemos a casa el sábado. ¡Hasta luego! Felipe y Cristina.

9. Free answers.

Grammar

Note: this is not a complete survey of Spanish grammar. The structures and forms outlined in this section are limited to those found in the units of this Workbook.

VERBS
Regular verbs

The three types of Spanish verbs which follow a regular pattern have infinitives ending in -ar, -er and -ir. The -ir verbs only differ from -er verbs in the present.

COMPRAR	COMER	VIVIR
Present		
compro	como	vivo
compras	comes	vives
compra	come	vive
compramos	comemos	vivimos
compráis	coméis	vivís
compran	comen	viven
Gerund		
comprando	comiendo	viviendo
Present continuous		
estoy comprando	estoy comiendo	estoy viviendo
Imperative		
(no) compre Vd	(no) coma Vd	(no) viva Vd
(no) compren Vds	(no) coman Vds	(no) vivan Vds
Preterite		
compré	comí	viví
compraste	comiste	viviste
compró	comió	vivió
compramos	comimos	vivimos
comprasteis	comisteis	vivisteis
compraron	comieron	vivieron
Imperfect		
compraba	comía	vivía
comprabas	comías	vivías
compraba	comía	vivía
comprábamos	comíamos	vivíamos
comprabais	comíais	vivíais
compraban	comían	vivían

COMPRAR	COMER	VIVIR

Imperfect continuous

estaba comprando	estaba comiendo	estaba viviendo

Perfect

he comprado	he comido	he vivido
has comprado	has comido	has vivido
ha comprado	ha comido	ha vivido
hemos comprado	hemos comido	hemos vivido
habéis comprado	habéis comido	habéis vivido
han comprado	han comido	han vivido

Future

The stem for the future is usually the infinitive. The last syllable is stressed in all but the 1st person plural (*-emos*) and an accent is needed.

compraré	comeré	viviré
comprarás	comerás	vivirás
comprará	comerá	vivirá
compraremos	comeremos	viviremos
compraréis	comeréis	viviréis
comprarán	comerán	vivirán

Stem-change verbs

These are verbs which have vowel changes in some tenses.

Group 1

The stem-change is *e > ie or o > ue (jugar* only: *u > ue)* in the present tense and imperative.

PENSAR	VOLVER	JUGAR

Present

pienso	vuelvo	juego
piensas	vuelves	juegas
piensa	vuelve	juega
pensamos	volvemos	jugamos
pensáis	volvéis	jugáis
piensan	vuelven	juegan

Imperative

piense Vd	vuelva Vd	juegue Vd
piensen Vds	vuelvan Vds	jueguen Vds

Also: *acordarse, acostarse, almorzar, atender, cerrar, comenzar, comprobar, contar, doler, empezar, encender, entender, encontrar, llover, nevar, recordar, sentarse.*

Group 2

These have the same changes as Group 1, and also *e > i*, and *o > u* in the gerund, and 3rd persons of the preterite. They include:

SENTIR	DORMIR
Gerund	
sintiendo	durmiendo
Preterite	
sentí	dormí
sentiste	dormiste
sintió	durmió
sentimos	dormimos
sentir	dormir
sentisteis	dormisteis
sintieron	durmieron

Also: divertirse, preferir.

Group 3

The change is always *e > i*, in all the places Group 2 has any change. The verbs in this group in this workbook are: *reír, reñir, repetir, seguir, servir.*

Irregular verbs

Many irregular verbs have what is called a *pretérito grave*. This means that the 1st and 3rd person singular endings are not stressed, and are respectively -*e* and -*o*, as for *tener: tuve, tuviste, tuvo, tuvimos, tuvisteis, tuvieron*. Verbs below which follow this model are marked (pg). Tenses in which a verb follows a stem-change pattern are marked (sc).

Irregular parts of the following verbs are used in the *Workbook*:

Conducir: <u>Present</u>: conduzco, conduces, etc. <u>Preterite</u>: conduje, etc. (pg).

Dar: <u>Present</u>: doy, das, etc. <u>Preterite</u>: di, diste, dio, etc.

Decir: <u>Present</u>: digo, dices dice, dicen <u>Imperative</u>: diga/n <u>Preterite</u>: dije, dijiste, dijo, dijeron (pg).

Estar: <u>Present</u>: estoy, estás, está, estamos, estáis, están <u>Preterite</u>: estuve, etc. (pg)

Hacer: <u>Present</u>: hago, haces, etc. Imperative: haga/n <u>Preterite</u>: hice, hiciste, hizo, hicimos etc. (pg) <u>Past participle</u>: hecho.

Ir: <u>Present</u>: voy, vas, va, vamos, vais, van <u>Imperative</u>: vaya/n <u>Preterite</u>: fui, fuiste, fue, fuimos, fuisteis, fueron <u>Imperfect</u>: iba, etc.

Oír: <u>Imperative</u>: oiga/n

Poder: <u>Present</u>: puedo, etc. (sc) <u>Preterite</u>: pude, etc. (pg)

Poner: <u>Present</u>: pongo, pones, etc. <u>Imperative</u>: ponga/n <u>Preterite</u>: puse, etc. (pg).

Romper: <u>Past participle</u>: roto

Saber: <u>Present</u>: sé, sabes, etc.

Salir: <u>Present</u>: salgo, sale, etc.

Ser: <u>Present</u>: soy, eres, es, somos, sois, son <u>Preterite</u>: fui, fuiste, fue, fuimos, fuisteis, fueron <u>Imperfect</u>: era, etc.

Tener:	Present: tengo, tienes, tiene, tenemos, tenéis, tienen <u>Imperative</u>: tenga/n <u>Preterite</u>: tuve, etc. (pg).
Traer:	Present: traigo, traes, etc. ; <u>Imperative</u>: traiga/n; <u>Preterite</u>: traje, etc. trajeron (pg).
Venir:	Present: vengo, vienes, viene, venimos, venís, vienen <u>Imperative</u>: venga/n <u>Preterite</u>: vine, etc. (pg).

Tenses

Present

The present is used to say what you do regularly or repeatedly, or what you are doing at this moment or very soon:

Yo juego al tenis los lunes.	I play tennis on Mondays.
¿Qué haces?	What are you doing?
Me afeito en el cuarto de baño.	I'm shaving in the bathroom.

It is also used with *desde hace* (for) and *desde* (since) to say since when something has been happening:

Emilio trabaja para Vacasa Internacional desde hace un mes.	Emilio has been working for Vacasa Internacional for a month.
Rosa está en Méjico desde el miércoles pasado.	Rosa has been in Mexico since last Wednesday.

Present continuous (estar + gerund)

You can also use this tense to say what is going on at the present time:

¿Qué estás haciendo?	What are you doing?
Estoy afeitándome en el cuarto de baño.	I'm shaving in the bathroom.

Imperative

The "command" form, used to give instructions:

Ponga las patatas en mi bolsa, por favor.	Put the potatoes in my bag, please.

Preterite

The "simple past", which relates one-off events in the past:

¿Fuiste de vacaciones el año pasado con tu novio?	Did you go on holiday last year with your boyfriend?
No, fui con mis padres.	No, I went with my parents.

Imperfect

The descriptive past tense, which you use to say what you used to do, or to describe what was happening, often as a background to an event in the preterite:

Cuando vivía en Madrid hablaba español con todo el mundo.	When I lived in Madrid I spoke Spanish to everybody.
Cuando viajaba a Pontevedra, tuve un accidente.	When I was traveling to Pontevedra, I had an accident.

You can also use the continuous form - the imperfect of *estar* + the gerund:

Cuando estaba viajando en Pontevedra, tuve un accidente.	

Perfect

Made up with *haber* + the past participle, to say what you have done recently. Use it where you would use the same tense in English.

¿Qué has visto?	What have you seen?
Hemos visto muchas cosas.	We've seen lots of things.

Future

The future tense tells you what will happen:

¿Qué pasará?	What will happen?

but you can also use *ir a* + the infinitive to say what is going to happen:

¿Qué vamos a hacer manana?	What are we going to do tomorrow?
Vamos a ir de compras.	We're going to go shopping.

Saber and poner

When "can" refers to a learnt skill, *saber* is used; if "can" refers to circumstances, *poder* is used:

¿Sabe Vd hablar francés?	Can you speak French?
No puedo ir al teatro hoy.	I can't go to the theater today.

Ser and estar

Ser is used:

- to say who, or what someone or something is (identification): *Emilio es reportero* - Emilio is a reporter.

- to describe the natural characteristic of someone or something: *Felipe es gordo* - Felipe is fat.

- to say the time: *son las cinco de la tarde* - it's five p.m.

- to say where you are from: *soy de Madrid* - I'm from Madrid.

Estar is used:

- to say where someone or something is: *Vacasa está en Villaverde* - Vacasa is in Villaverde.

- to describe a passing condition that someone is in: *Rosa está cansada hoy* - Rosa's tired today.

- to say what someone is/was doing: *Juana estaba pegando a Emilio* - Juana was hitting Emilio.

NOUNS, ARTICLES, AND PRONOUNS

All nouns are either masculine or feminine. Most nouns ending in -o are masculine, and in -a are feminine. The definite (the) and indefinite (a/an) articles have to "agree" with the gender and number of the noun: Plurals: nouns ending in a vowel add -s, and those ending in a consonant add -es : el niño, los niños, la mesa, las mesa, una ciudad, dos ciudades.

Nouns ending in -ión lose the accent in the plural: *estación > estaciones*; those ending in -z change this to -ces: una vez > muchas veces.

Pronouns replace nouns. These are the main ones:

SUBJECT	DIRECT OBJECT	INDIRECT OBJECT	REFLEXIVE	DISJUNCTIVE	
yo	me	me	me	mí	I/me
tú	te	te	te	ti	you (fam sg)
él	lo (things, m) le	se	él	él	he/him
	le/lo (=him)				
ella	la	le	se	ella	she/her
usted	le(m) la (f)	le	se	usted	you (pol sg)
nosotros/as nos	nos	nos	nos	nosotros/as	we/us
vosotros/as os	os	os	os	vosotros/as	you (fam)
ellos	los/les	les	se	ellos	they/them (m)
ellas	las	les	se	ellas	they/them (f)
ustedes	los (m) las (f) les	se	se	ustedes	you (pol pl)

Object pronouns precede the verb except the positive imperative, the infinitive and the gerund:

Déme un kilo de tomates, por favor.	A kilo of tomatoes, please.
Sí, voy a ponerlos en su bolsa.	Yes, I'll put them in your bag.

When two 3rd person pronouns are used together, the first one always becomes *se:*

Se los di ayer.	I gave them to him/her/them yesterday.

ADJECTIVES AND ADVERBS

Adjectives agree in gender and number with the noun they describe and most come after the noun. Adjectives ending in -o have 4 forms: *rojo, roja, rojos, rojas*; those ending in -e usually only add -s and those ending in a consonant -es in the plural:

un vestido rojo/verde/azul	una camisa roja/verde/azul
dos vestidos rojos/verdes/azules	dos camisas rojas/verdes/azules

Nationalities ending in -*és* or -*ol*, however, have a feminine form:

una cuidad francesa (Note the loss of the accent)	ciudades francesas.

Adverbs are formed from adjectives by adding -*mente* to the feminine form:

rápido	rápida	rápidamente

Spanish often uses an adverbial phrase instead of an adverb:

¡Jaime! ¡No hagas eso! - dijo con enojo.	"Jaime, don't do that!" she said angrily.

Comparisons (more ... than) are made by using *más* with the adjective and *que* after:

Felipe es más gordo que Emilio.	Felipe is fatter than Emilio.

The superlative, "the most", also uses *más*, and "in" is translated by *de:*

Linda es la chica más delgada de su clase.	Linda is the slimmest girl in her class.

POSSESSIVES (my, your, mine, yours, etc.)

SHORT FORM		LONG FORM	
mi/mis	my	mío/a/os/as	mine
tu/tus	your	tuyo/a/os/as	yours (tú)
su/sus	his/her/its	suyo/a/os/as	his, hers, its
su/sus	your	suyo/a/os/as	yours (Vd)
nuestro/a/os/as	our	nuestro/a/os/as	ours
vuestro/a/os/as	your	vuestro/a/os/as	yours (vosotros)
su/sus	their	suyo/a/os/as	theirs
su/sus	your	suyo/a/os/as	yours (Vds)

The short form means "my" etc. and precedes the verb, the long form means "mine" etc. and is used after *ser* or the definite article.

The possessives agree with the thing possessed:

Sus hijos y los míos.	Your children and mine.
¿Es tuyo este paraguas?	Is this umbrella yours?

Because of ambiguity, the third person possessives are often replaced by *de él* (his), de *Vd* (your), etc: *¿Es de Vd?* Is it yours?

THIS AND THAT

There are 3 "demonstratives" in Spanish: *este* (this), *ese* (that by you), and *aquel* (that over there).

este hombre this man	*ese hombre* that man	*aquel hombre* that man (over there)
estos hombres these men	*esos hombres* those men	*aquellos hombres* those men
esta mujer this woman	*esa mujer* that woman	*aquella mujer* that woman
estas mujeres these women	*esas mujeres* those women	*aquellas mujeres* those women

When these occur without a following noun, it is usual to write an accent on the first *e*: *aquel hombre y éste; esa mujer y aquélla.* A neuter form *(esto, eso, aquello)* is used when you don't know the gender of the object you are refering to: *¿Qué es esto?* What's this?

PREPOSITIONS

A means "to" or "at" and indicates motion:

Voy a Pontevedra.	I'm going to Pontevedra.

It is used without a translatable meaning before the direct object when this is a person. This is called the "personal a".

A + el becomes *al.*

Al is used with a verb infinitive to mean "on doing something":

Al llegar a Pontevedra ...	On arriving at Pontevedra ...

Vivo en Pontevedra.	I live in Pontevedra.

Los hijos de Felipe.	Felipe's children.

¡Cuánto me alegro de verte!	How pleased I am to see you!

No puedes hacer pan sin comprar harina.	You can't make bread without buying flour.

¿Para qué vamos a Granada?	Why are we going to Granada?
Para presentarme a tus padres.	To introduce me to your parents.

¿Qué?	what	¿Cómo?	how?
¿Quién?	who?	¿Cuándo	when?
¿Dónde?	where?	¿Por qué	why?
¿Adónde?	where to	¿Para qué?	What for?

Fui a España.	I went to Spain.
No fui a España.	I didn't go to Spain.

Linda nunca come carne/no come carne nunca.	Linda never eats meat.
No fui al cine ayer.	I didn't go to cinema yesterday.
Nosotros tampoco.	Neither did we.

Glossary

After each entry in the Glossary you will find the number of the unit in which the item of vocabulary first occurs.

(m) = masculine   (f) = feminine
(pl) = plural

A

a	to, at; "personal a" (see Grammar) 3
abierto	open 7
abrigo (m)	overcoat (UK) topcoat (US) 6
abril	April 15
abrir(se)	to open 10
absoluto (en a.)	(not) at all 11
abuela (f)	grandmother 2
abuelo (m)	grandfather 2
aburrido	boring, bored 19
aburrirse	to get bored 19
accidente (m)	accident 21
aceite (m)	oil 9
aceptar	to accept 18
acompañar	to accompany, go with 7
acordarse de (ue)	to remember 9
acostarse (ue)	to go to bed 5
actualmente	at present, at the moment 16
acuerdo (estar de a. con)	to agree with 23
adelgazar	to slim, lose weight 19
adiós	goodbye 7
¿adónde?	where to? 11
aeropuerto (m)	airport 18
afeitarse	to shave 22
África	Africa
agenda (f)	diary (UK) agenda (US) 15
agitar	to wave 21
agosto	August 15
agua (f)	water 9
ahí	there (by you) 15
ahí viene	here (s)he comes 4
ahora	now 3
al (= a + el)	to the, at the 3
alegrarse	to be pleased 21
alegre	happy, cheerful 13
alegremente	happily, cheerfully 23
alemán	German 1
Alemania	Germany 1
alfombra (f)	carpet 3
algo	something 7
algodón (m)	cotton 6
alguien	somebody, someone 16
algún, alguno/a	some 11
alguna (a/en a. parte)	some (somewhere) 12

alguna (¿has a. vez …?)	(have you) ever …? 20
almacén (m)	store 20
almorzar (ue)	to have lunch 5
almuerzo (m)	lunch 10
alojarse	to stay (night) 9
alquilar	hire, rent 8
alto	tall, high 13
altura	height 13
alubias	beans 10
allí	(over) there 6
amarillo	yellow 3
amiga (f)	friend (f) 7
amigo (m)	friend (m) 3
andar	to walk 21
andén (m)	platform 18
anoche	last night 11
antes de	before 21
antiguo	former 21
año (m)	year 1
apasionadamente	passionately 23
apellido (m)	surname 1
apariencia (f)	appearance, looks 19
apenas	hardly 16
aprender	to learn 5
aprobar (ue)	to pass (exam) 17
aquel/aquella	that (over there) 6
aquellos/aquellas	those (over there) 6
aquí	here 1
arboleda (f)	grove 20
Argentina	Argentina 9
armario (m)	cupboard (UK) cabinet (US) 21
arreglar	to tidy (UK) clean up (US) 15
aseo (m)	toilet/WC (UK) restroom (US) 3
así	like that, thus, so 19
aspirina(s) (f)	aspirin(s) 19
asqueroso	disgusting, vile 10
atender	to look after, attend to 22
atractivo/a	attractive, good-looking 10
Austria	Austria 21
autocar (m)	coach (UK) bus (US) 9
autobús (m)	bus 9
AVE (m)	high-speed train 18
avenida (f)	avenue 2
avión (m)	plane 8
ayer	yesterday 8
ayuda	to help 7
azteca	Aztec 4
azul	blue 6

B

bailar	to dance 4
baile *(m)*	dance 15
bajo	short (= not tall) 13
baloncesto *(m)*	basketball 8
ballet *(m)*	ballet 16
banco *(m)*	bank 7
bañarse	to have a bath, swim 5
baño *(m)*	bath 3
bar *(m)*	bar, pub 3
barato	cheap 6
barbacoa *(f)*	barbecue 15
barbilla *(f)*	chin 13
barra *(f)*	loaf 10
bastante	quite, enough 6
bebé (m)	baby 23
beber	to drink 5
biblioteca *(f)*	library 7
bicicleta *(f)*	bicycle 9
bien	well, good 2
bienvenido	welcome 19
bistec *(m)*	beef steak 10
blanco	white 3
blusa *(f)*	blouse 6
boca *(f)*	mouth 13
bocadillo *(m)*	sandwich 10
bolígrafo *(m)*	biro, ball-point 18
bombero *(m)*	fireman 11
bonito/a	nice, pretty 3
bolsa *(f)*	bag 10
borracho/a (emborracharse)	drunk (to get d.) 12
botas *(f)* **(para caminar)**	walking boots 9
botella (f)	bottle 10
Brasil	Brazil 1
brasileño	Brazilian 1
botón *(m)*	button 22
brazo *(m)*	arm 21
brillar	to shine 14
buen/bueno	good 2
buenas noches	goodnight 23
buenos días	good morning 1
bufanda *(f)*	scarf 14
buscar	to look for 14

C

caballo *(m)*	horse 9
cabeza *(f)*	head 19
cabina *(f)* **telefónica**	phone box (UK) booth (US) 7
caerse	to fall 17
camarero *(m)*	waiter 10
café *(m)*	coffee, café 1
café con leche	white coffee 1
café solo	black coffee 4
cafetería *(f)*	coffee bar/shop 3
caja *(f)*	box 10
calcetines *(mpl)*	socks 6
calendario *(m)*	calendar 16
caliente	hot (liquids etc.) 14

calor	hot (weather, person) 12
caluroso	hot (climate) 11
calle *(f)*	street 1
cama *(f)*	bed 4
cambiar	to change 7
camisa *(f)*	shirt 6
campana	bell 13
camping (hacer c.)	to go camping, camp 9
Canadá	Canada 17
canción *(f)*	song 11
cansado	tired 19
cantar	to sing 11
cantante *(m)*	singer 11
carne *(f)*	meat 4
carnicería *(f)*	butcher's shop 7
caro	dear, expensive 6
carretera *(f)*	road 7
carta *(f)*	letter 5
cartera *(f)*	wallet 21
cartero *(m)*	postman (UK) mailman (US) 11
casa *(f)*	house 3
casa (a c.)	(to) home 6
casa (en c.)	(at) home 5
casado	married 1
casarse	to get married 9
casi	almost, nearly 14
castaño	(dark) brown 13
Cataluña	Catalonia (region of NE Spain) 2
causa de (a c. de)	because of 18
causar	to cause 17
cebolla *(f)*	onion 10
celebrar	to celebrate 14
celos (tener c. de)	to be jealous (of) 17
celosamente	jealously 23
cena *(f)*	dinner, supper 5
cenar	to, have dinner, supper 5
cerca de	near (to) 3
cerca (de/desde c.)	close up 10
cerdo *(m)*	pork 10
cerrado	closed 7
cerveza *(f)*	beer 4
césped *(m)*	lawn, grass 20
cien/ciento	a hundred 6
cigarrillo *(m)*	cigarette 9
cinco	five 1
cincuenta	fifty 3
cine *(m)*	cinema (UK) movies (US) 15
cita *(f)*	date, rendezvous 8
ciudad *(f)*	town, city 4
claramente	clearly 23
claro	of course 3
claro que	of course 5
clase *(f)*	class 16
cliente *(m)*	client, customer 21
club *(m)*	club 5
cocina *(f)*	kitchen 3
cocinar	to cook 11

coche (m)	car 2
codo	elbow 19
colegio (m)	school, college 4
color	colour (UK) color (US) 6
comenzar (ie)	to begin, commence 22
comer	to eat; to have lunch 3
comida (f)	food; lunch 9
como	as 4
¿cómo?	how? 1
cómodo	comfortable 1
compañía (f)	company 13
compañera (f)	companion, partner (f) 17
compañero (m)	companion, partner (m) 17
comportarse	to behave 22
comprar	to buy 6
compras (ir de)	shopping (to go) 4
comprobar (ue)	to check (over) 9
con	with 4
concierto (m)	concert 15
conducir (zc, j)	to drive 5
conductor (m)	driver 11
confirmado	confirmed 21
conmigo	with me 7
conocer (zc)	to know; to meet = make acquaintance 1
contable (m)	accountant 2
contar (ue)	to tell 8
contento	happy, pleased 1
contestar	to answer 21
contigo	with you 11
copa (f)	glass 23
corbata (f)	tie 6
correr	to run 21
cortar	to cut 20
corto	short (=not long) 13
costar (ue)	cost 6
cordero (m)	lamb 10
Correos (mpl)	post office 7
creer	to believe 9
creo (que sí)	I think (so) 15
cruce (m)	crossroads /
cruce v	cross (instruction) 7
cruzar	to cross 7
cuerpo (m)	body 19
¿cuándo?	when? 7
¿cuál?	which? which one? 2
¿cuántas veces?	how often? 16
¿cuánto cuesta?	how much is it? 6
cuánto (¿a c. están hoy?)	how much are they today? 10
¡cuánto me alegro!	I'm delighted!
¿cuántos años tiene(s)?	how old are you?
cuarenta	forty 5
cuarto	quarter 5
cuarto (m) **de baño**	bathroom 3
cuatro	four 1
cuatrocientos	four hundred 6
cuchillo (m)	knife 3
cuello (m)	neck 13

cuento (m)	story, tale 15
cuidado (tener c.)	to be careful 17
cuidar	take care of 14
cumpleaños (m)	birthday 14
cumplir ... años	to become ... years old 10

CH

chaqueta (f)	jacket 6
charlar	to chat 21
chico (m)	boy 4
Chile	Chile 1
chileno/a	Chilean 1
chino/a	Chinese 21
¡chiss!	shush! 23
chocarse	to crash, collide 17
chocolate (m)	chocolate 4
chorizo (m)	a seasoned sausage 10
churro (m)	a kind of Spanish fritter 4

D

dar	to give 9
dar clase (f)	to teach 14
dar un paseo (m)	to go for a walk 9
datos (mpl)	facts, information 1
de	of, from 1
debajo de	under 3
deber	to owe 18
décimo	tenth 7
decir	to say, tell 8
dejar	to leave 22
delante de	in front of 4
delgado	slim, thin 13
demasiado	too, too much, too many 6
déme	give me 10
dentista (m)/(f)	dentist 11
deporte (m)	sport 16
deportivo	sport, sports, sporting 19
derecha (a la d.)	on the right 3
desastre	disaster 20
desastroso	disastrous 18
desayunar	to have breakfast 4
¡a desayunar!	breakfast time! 4
desayuno (m)	breakfast 4
descafeinado	decaffeinated 10
desconocido (el d.)	strange, stranger 5
describir	to describe 15
desde	since, from 7
desde hace	for (a time, see Grammar) 20
desear	to want 18
desfasado	jet-lagged 19
desnatado	skimmed 10
despedirse	to say goodbye 22
despertarse (ie)	to wake up 21
después de	after 6
detestar	hate, detest 6
detrás de	behind 3
día (m)	day 7
diciembre	December 15

dieciséis	sixteen 12
diecisiete	seventeen 2
diente *(m)*	tooth 13
diez	ten 1
¡diga!	hello? (on phone) 2
dijeron	they said 9
dijo	he said 8
difícil	difficult 15
dime	tell me 14
dinero *(m)*	money 6
¡Dios mío!	good heavens! 21
dirección *(f)*	address 1
direcciones *(fpl)*	directions/addresses 20
disco compacto	compact disc 16
discoteca *(f)*	disco 9
disputa *(f)*	argument, row 17
divertido	amusing, funny 23
divertirse *(ie)*	to enjoy oneself 9
doble	double 18
doce	twelve 1
dolor *(m)*	pain, ache 19
domingo	Sunday 5
¿dónde?	where? 1
dormir *(ue, u)*	to sleep 6
dormirse *(ue, u)*	to go to sleep 20
dormitorio *(m)*	bedroom 3
dos	two 1
doscientos	two hundred 6
ducha	shower 3
ducharse	to have a shower 5
duele (me d ...)	I have a pain in ..., my ... aches 19
durante	for (a time) 14

E

economía *(f)* política	economics 9
echar (al correo)	to mail 13
edad *(f)*	age 1
edificio *(m)*	building 3
efecto (en)*(f)*	in fact, indeed 10
ejercicio *(m)*	exercise 10
el *(m)*	the (masc sing) 1
él *(m)*	he, him 1
ella *(f)*	she, her 1
ellos *(mpl)*	they, them (masc or mixed) 1
emborrachada	drunkenly 23
empezar *(ie)*	to begin 5
empleo	job 2
empresa *(f)*	company, firm 2
empujar	to push 22
en	in, on 1
encanta (me e.)	I love 4
encantado de conocerle/la	pleased to meet you 1
encantar	to charm 1
encenderse	to come on, light up 22
encima de	above 7

encontrar *(ue)*	find, meet 8
enero	January 9
enfadarse	to get angry 8
enfermera *(f)*	nurse (f) 11
enfrente (de)	opposite 7
enojo (con e.)	angrily 23
enorme	huge, enormous 8
ensalada *(f)*	salad 10
enseñar	to show, teach 10
enséñeme	show me 10
entender *(ie)*	to understand 7
enteramente	entirely, wholly 21
entonces	then, so 5
entrada *(f)*	ticket, entry 16
entrar	to enter, go in 22
entre	between, among 3
entrevista *(f)*	interview 1
enviar	to send 15
era	was (imperfect of ser) 8
escaparate *(m)*	shop-window 6
escocés	Scottish 1
Escocia	Scotland 1
escribir (e. a máquina)	to write 3 (type 11)
escuchar	to listen (to) 14
ese/esa	that (by you) 8
eso	that (by you) 4
España	Spain 1
español	Spanish 1
esperar	to wait for; to meet (off plane etc) 18
esquí (hacer el e.)	go skiing 9
esquiar	to ski 11
esquina *(f)*	(outside) corner 7
estación	station 18
Estados *(mpl)* Unidos	the United States 1
estáis	you (fam pl) are 1
estamos	we are 1
están	they are 1
estar	to be 1
estoy	I am 1
este/esta	this 4
éste/ésta	this one 4
estómago *(m)*	stomach 19
estos/estas	these 4
éstos/éstas	these (ones) 4
estudiante *(m)*	student 9
estudiar	to study 4
estupendo	great, terrific 9
etiqueta *(f)*	label 6
Europa	Europe 9
examen *(m)*	examination 17
extranjero *(m)*	foreign 3
extranjero (al/en el)	abroad 16
extraño	strange 16
excursiones *(fpl)* a pie (hacer)	to go hiking 22

F

fácil	easy 6
falda (f)	skirt 6
familia (f)	family 2
fantástico	fantastic, super, great 11
fatal	terrible, awful 19
favorito	favorite 18
fax (m)	fax 15
febrero	February 15
fecha (f)	date 15
festival (m)	festival 20
fiebre (f)	fever, temperature 19
fiesta (f)	party; holiday 8
fin (m) de semana (f)	weekend 5
final (al f. de)	at the end of 7
flan (m)	cream caramel 10
folleto (m)	brochure 9
footing	jogging 8
forma (f) (de mala f.)	unfit 19
foto (f)	photo 13
fotógrafa (f)	photographer (f) 2
francés	French 1
Francia	France 1
frecuentemente	frequently 16
fresa (f)	strawberry 10
fregadero (m)	sink 3
fregar los platos (mpl)	to wash up 20
frigorífico (m)	refrigerator 3
frío	cold 10
frotar	to rub 21
fruta (f)	fruit 10
fuera	away
fuerte	strong 13
fui/fuiste/fue/fuimos/fueron	was/were, went (past of ser/ir) 8
fumar	to smoke 9
fútbol (m)	soccer 5

G

gafas (f)	glasses 19
garaje (m)	garage 3
gastar	to take (a size) 6
gato (m)	cat 3
general	general 4
general (por lo g.)	generally 16
generalmente	generally 5
gerente (m)	hotel manager 18
gimnasio (m)	gymnasium 3
gitano (m)	gipsy 4
golf (m)	golf 21
gordo/a	fat 10
gracias	thanks, thank you 2
gran, grande	big, large 2
gripe (f)	flu 19
gris	grey 3
gritar	to shout, cry 23
grueso	fat, thick 22
grupo (m)	group, party 14

guante (m)	glove 6
guardia (m)	policeman 2
Guatemala	Guatemala 1
guía (m) de turismo	tourist guide 11
guisantes (mpl)	peas 10
guitarra (f)	guitar 5
gustar	to please 4
gusta (me g)	I like 4
gusta (le g.)	he/she likes, you (Vd) like 4
gusta (les g. a Vds)	they, you (Vds) like 4

H

haber (va a h.)	there's going to be 17
habitación (f)	room 18
hablar	to speak, talk 3
hacer (h. camping)	to make, do 5 (to go camping 9)
hacerse	to become 17
hambre (tener)	to be hungry 10
hamburguesa (f)	hamburger 10
harina (f)	flour 12
hasta	until, as far as 7
hasta luego	see you later 2
hay	there is, there are 3
hermana (f)	sister 2
hermano (m)	brother 2
hermoso	beautiful 17
hice	I did 9
hicieron	they did/made (past of hacer) 9
historia (f)	story 8
hoja (f) de solicitud	application form 1
¡hola!	hello! 2
hombre (m)	man 5
hora (f) (¿a qué h.?)	the time, hour 5 (at what time? 5)
horrible	horrible 10
horroroso	horrific 19
hospital (m)	hospital 21
hotel (m)	hotel 3
hoy	today 1
huevo (m)	egg 3

I

ida y vuelta	return (ticket) 18
idea (f)	idea 6
idioma (m)	language 3
iglesia (f)	church 7
me da igual	it doesn't matter, I don't mind 7
igual	the same 5
impacientemente	impatiently 23
importa (no i.)	matter (it doesn't m.) 11
importante	important 19
incluir	to include 18
incluso	including 18
increíble	incredible 3
India	India 9
indicar	to indicate, show 16
individual	single (room) 18

ingeniero *(m)*	engineer 1	**les**	them, to them, you, to you 4
Inglaterra	England 1	**letrero** *(m)*	notice, sign 7
inglés	English 1	**levantarse**	to get up 5
informática *(f)*	computer technology 14	**libra** *(f)* **esterlina**	pound sterling 12
inscribirse en	to join, enrol in 19	**libre**	free 5
integral	wholemeal 10	**libro** *(m)*	book 7
interesante	interesting 5	**ligero**	light (not heavy) 13
internacional	international 1	**limón** *(m)*	lemon 10
interruptor *(m)*	switch 22	**limpiar**	to clean 9
invierno *(m)*	winter 22	**listo**	ready 4
invitación *(f)*	invitation 17	**listo**	clever 13
invitar	to invite 17	**litro** *(m)*	liter 10
ir	to go 4	**lo**	it, him 2
ir de compras	to go shopping 4	**locamente**	madly 23
irse	to go away, go off 20	**Londres**	London 2
iItalia	Italy 1	**los**	the, them (m.pl) 1
italiano	Italian 1	**luego**	then 8
izquierda (a la i.)	(on/to) the left 3	**lunes**	Monday 5

J

¡ja, ja, ja!	ha, ha, ha! 21		
jabón *(m)*	soap 3		
jamón *(m)* **(de York)**	ham (York h.) 10		
Japón	Japan 1		
japonés	Japanese 1		
jardín *(m)*	garden 3		
jefa *(f)*	boss (f) 2		
jefe *(m)*	boss (m) 3		
joven	young 8		
judías *(fpl)*	(green) beans 10		
jueves	Thursday 5		
jugar *(a)*	to play (a game) 3		
junto a	next to 3		
julio	July 15		
junio	June 15		

LL

llave *(f)*	key 22
llamar (por teléfono)	to phone, call 8
llamarse	to be called 1
llamo (me)	my name is 1
llamada *(f)*	phone call 20
llegar	to arrive 4
llevar	to wear, carry, take 6
llevar retraso	to be late 4
llorar	to cry, weep 21
llover	to rain 9
llueve	it rains 11

K

kilo *(m)*	kilo 10

L

la	the (f.sing) 2
laborales (los días l.)	working (days) 7
lado (al l. de)	at the side of, next to 3
lápiz *(m)*	pencil 8
largo	long 13
las	the (f. pl) 3
lata *(f)*	tin, can 10
lavabo *(m)*	washbasin 3
lavadora *(f)*	washing-machine 3
lavar	to wash 9
leche *(f)*	milk 1
lechuga *(f)*	lettuce 10
le	him, you (Vd) , to him, to her 4
leer	to read 5
legumbre *(f)*	vegetables 10
lejos	far, a long way 12
lentamente	slowly 23

M

madre *(f)*	mother 2
mal	ill, badly 19
malo	bad 2
mamá *(f)*	Mum 2
mandar	to send 8
manivela *(f)*	handle 22
mano *(f)*	hand 6
manzana *(f)*	apple 10
mañana *(f)*	tomorrow, morning 4
máquina *(f)* **fotográfica**	camera 15
mar *(m)*	sea 9
maravilloso	wonderful, marvellous 16
marcharse	to go away 22
marido *(m)*	husband 2
marrón	brown 3
martes	Tuesday 5
marzo	March 9
más	more, most 13
mayo	May 15
mayor	elder, eldest; older, oldest 13
me	me 1
mecanografía *(f)*	typing 16
mediano	medium 6
medianoche *(f)*	midnight 23
medio	half 10

médico (m)	doctor 11
Méjico	Mexico 1
mejicano	Mexican 1
mejor	better, best 13
mejor (a lo m.)	probably 22
mentira (f)	false 13
menudo (a m.)	often 5
mes (m)	month 17
mesa (f)	table 3
mesita (f)	small table 3
mi/mis	my 1
mí	me 4
miércoles	Wednesday 5
mil (m)	a thousand 6
mineral	mineral 10
minuto (m)	minute 9
mío/a	mine 14
mirar	to look at, watch 5
mismo	same 5
momentito (un m.) (m)	a jiffy 10
montaña (f)	mountain 22
montar	to ride 11
montón (un m. de)	a lot (of) 15
moreno	dark 13
morirse	to die 23
motocicleta (f)	motorcycle 9
muchísimo	very much 11
mucho	much, many, a lot 4
mudar de casa	to move house 20
muebles (mpl)	furniture 1
muelas (fpl)	teeth 19
mujer (f)	woman, wife 2
mundo (m)	world 3
muñeca (f)	wrist 19
museo (m)	museum 7
música (f)	music 20
muy	very 2

N

nacer	to be born 9
nacionalidad (f)	nationality 1
nada	nothing, not at all 5
nadar	to swim 7
nadie	nobody 9
naranja (f)	orange 1
naranjo (m)	orange tree 3
nariz (f)	nose 13
natación (f)	swimming 4
natural	natural 10
necesitar	to need 17
negro	black 3
nevar (ie)	to snow 14
ni ... ni ...	neither ... nor ... 9
niebla (f)	fog 5
nieta (f)	granddaughter 2
nieto (m)	grandson, grandchild 2
ninguna manera (de n. m.)	in no way, not at all 9
ninguna parte (a/en n. p.)	nowhere 17

niña (f)	child (f) 2
niño (m)	child (m) 2
no	not, no 1
no importa	it doesn't matter 15
no te preocupes	don't worry 2
no se preocupe	don't worry 11
noche (f)	night 9
nombre (m)	name 1
norteamericano	American (= from USA) 1
nos	us 4
nosotros	we, us 4
novecientos	nine hundred 6
noventa	ninety 6
noticias (f)	news 2
novia (f)	girlfriend 2
noviembre	November 15
novio (m)	boyfriend 2
nuestro	our, ours 7
Nueva York	New York 2
nueve	nine 1
nuevo	new 1
número (m)	size (of shoe), number 12
nunca	never 5

O

o	or 1
obra (f) de teatro (m)	(theater) play 16
ocio (m)	leisure 6
octavo	eighth 7
octubre	October 15
ocupado	busy 5
ocho	eight 1
ochocientos	eight hundred 6
odiar	to hate 4
oficina (f)	office 2
¡oiga!	listen! 15
oír	to hear, listen to 16
ojo (m)	eye 13
once	eleven 1
ópera (f)	opera 16
ordenador (m)	computer 3
oreja (f)	ear 13
os	you (fam pl) 22
otro	other, another 7

P

paciente (m/f)	patient 21
padre (m)	father 2
padres (m)	parents 5
paella (f)	paella, rice dish 12
palanca (f)	lever 22
pan (m)	bread 10
panorama (m)	view, panorama 14
papá (m)	Dad 2
paquete (m)	packet, parcel 8
para	for, (in order) to 1
¿para qué..?	what for...? 18

paraguas (fpl)	umbrella 14
parada (f)	(bus) stop 18
parar	to stop 20
parecer	to seem, appear, look 6
¿cómo te parece...?	what about..? 13
¿qué te parece?	what do you think? 6
parecerse a	to be like, resemble 19
parque (m)	park 3
partir (a p. de)	from (a time) 4
pasado	last (week) etc. 8
pasar	to pass, to go, to happen 7
pasarlo estupendamente	to have great time 9
paseo (m)	walk 9
pastel (m)	cake 19
patata (f)	potato 20
patatas (fpl) fritas	chips (UK) French fries (US) 10
patinar	to skate 14
pegar	to hit 21
película (f)	film 15
peligroso	dangerous 14
pelo (m)	hair 13
pendiente (m)	earring 13
pensar (ie)	to think 6
pequeño/a	small, little 2
perder	to miss (train etc), lose 21
perdona/perdone	excuse me 1
perdona la molestia	sorry to bother you 15
periódico (m)	newspaper 4
periodista (m/f)	journalist 2
permitir	to permit, allow 16
¿me permite ...?	may I ...? 16
pero	but 3
perro (m)	dog 15
persona (f)	person 3
Perú (m) (El P.)	Peru 1
peruano	Peruvian 1
pesar	to weigh 13
pesar demasiado	to be overweight 13
pescado (m)	fish 6
peseta (f)	peseta (Spanish currency) 6
peso (m)	weight; peso (Mexican currency) 13
pianista (m/f)	pianist 11
pie	foot 19
pie (a p.)	on foot 19
piel (de p.)	leather (made of l.) 13
pierna (f)	leg 19
pijama (f)	pyjamas 6
piloto (m)	pilot 11
pintar	to paint 11
pintura (f)	painting 7
Pirineos (mpl)	the Pyrenees 17
piscina (f)	swimming pool 3
piso (m)	apartment 16
pizza (f)	pizza 10
planta (f)	floor 7
plátano (m)	banana 10

playa (f)	beach 9
platos (mpl)	the dishes 20
poco (un p.)	a little 8
poder	to be able, can 11
¿podría..?	could you...? 17
poesía (f)	poetry 5
polideportivo	sports center 18
pollo (m)	chicken 10
ponga	put (instruction) 10
poner	to put 8
¿qué ponen?	what's on? 15
ponerse en marcha	to start up (engine) 22
popular	popular 6
Portugal	Portugal 8
portugués	Portuguese 21
postre (m)	dessert, pudding 10
por	by, through; per 1
por aquí	this way 7
por desgracia	unfortunately 13
por favor	please 1
por la tarde (f)	in the afternoon/evening 1
por lo general	generally, usually 5
¿por qué?	why? 6
porque	because
precio (m)	price 6
preferir (ie, i)	to prefer 6
pregunta (f)	question 11
preguntar	to ask 8
preparar	to prepare 5
presentar	to introduce 18
prima (f)	cousin (f) 19
principio (al p.)	at the beginning 20
prisa (darse p.)	to hurry 23
probablemente	probably 22
problema (m)	problem 8
procesador (m) de textos	word-processor 11
profesor (m)	teacher (m) 1
profesora (f)	teacher (f) 8
programa (m)	program 16
pronto	soon 10
propósito (a p.)	by the way 7
provisiones (fpl)	food, provisions 6
próximo	next 18
¡puaj!	yuk! 4
puedo (¿en qué p. servirle/la?)	can I help you? 6
puente (m)	bridge 7
puerta (f)	door 3
puerto (m)	port 3
pues	well, then, so 6
puesto (de trabajo)	job 2
puré (m) de tomate	tomato puree 10

Q

¿qué?	what? which? 2
¡qué bien!	very good! 4
¿qué tal?	how are things? 2
que	which, who, that 4
que	(has no meaning) 4

que (lo q.)	what, that which 6	sala (f) de estar	living room 3
quedar	to be left 20	salchichas (fpl)	sausages 20
quedarse	to remain, stay 14	salir	to leave, depart, go out 5
queja	complaint 20	salir de paseo (m)	to go out for a walk 20
quejarse	to complain 20	saltar	to jump 21
querer	to want, to love 1	salud (f)	health 17
queso (m)	cheese 4	sano	healthy 17
¿quién?	who? 4	sauna (f)	sauna 3
quiere, quiero	present of querer 4	se	(reflexive pronoun - see Grammar) 8
quince	fifteen 5	se	to him/her/them (see Grammar) 8
quinientos	five hundred 6	sé	I know 6
quinto	fifth 7	sección	department (of store) f 7
quisiera	(I) would like 6	secretaria (f)	secretary (f) 3
quizá/quizás	perhaps, maybe 6	sed (f) (tener s.)	to be thirsty 18

R

radio (f)	radio 14	seda (f) (de s.)	silk 6
raqueta (f)	racquet 14	segundo	second 7
ratos (mpl) libres	free time 16	seis	six 1
razonable	sensible, reasonable 22	sello (m)	stamp 7
recepción (f)	reception 1	semana (f)	week 5
recibir	to receive 17	semejante	such a 20
recientemente	recently 20	sentado (estar s.)	(to be) sitting 14
recordar (ue)	to remember 21	sentarse	to sit down 16
recto (todo r.)	straight (on) 7	sentirse	to feel 19
refresco (m)	cool drink, soft drink 1	señor (m)	Mr., gentleman 1
regalar	to give (as gift) 15	séptimo	seventh 7
regalo (m)	gift, present 16	señora (f)	Mrs., lady, wife 2
régimen (m)	diet 4	ser	to be 1
regresar	to return 19	servicios (mpl) (los s.)	toilets 1
regreso (m)	return (the r.) 21	servido	served 4
reírse	to laugh 21	sesenta	sixty 6
reloj	watch, clock 6	setecientos	seven hundred 6
reñir	to quarrel 8	setenta	seventy 6
reportaje (m)	report 3	setiembre	September 15
resaca (f)	hangover 19	sexto	sixth 7
reservar	reserve 18	sí	yes 1
respirar	breathe 16	siempre	always 5
restaurante (m)	restaurant 3	siéntese	sit down, take a seat 16
reunirse con	to meet 18	siento (lo s.)	I'm sorry
reunión (f)	meeting 15	siete	seven 1
revista (f)	magazine 14	simpático	nice, pleasant 8
rico	rich 17	siga	carry on (instruction) 7
rincón (m)	(inside) corner 3	¡silencio!	silence! be quiet! 4
riña (f)	quarrel 8	silla (f)	chair 3
río (m)	river 7	sin	without 3
rodilla (f)	knee 19	sin duda	doubtless 20
rojo	red 3	sitio (m)	place 9
rollo (m)	film (for camera) 16	sobre	on, about 3
romperse	to break 17	sobrina (f)	niece 2
rubio	fair, blond 13	socialmente	socially 17
ruina	ruin f 4	¡socorro!	help! 23
ruido (m)	noise 20	sobrino (m)	nephew 2
		sofá (m)	sofa, settee 3
		sol (m)	sun 11

S

sábado	Saturday 3	solamente	only 23
sacar billetes (mpl)	to get tickets 18	solo	alone, lonely 19
sacar fotos (fpl)	to take photos 16	sólo	only 8

soltero (m)	single (not married)
sombrero (m)	hat 14
sois	you are (fam pl) 1
somos	we are 1
son	they are 1
soy	I am 1
sopa (f)	soup 10
sopa (f) de letras	wordsearch 20
sorprenderse	to be surprised 8
su/sus	his, her, their, your (Vd/Vds) 2
sucio (m)	dirty 18
sucursal (f)	branch (of firm) 2
suele (from soler)	is accustomed to, usually (does) 6
suelo (m)	floor 20
sueño (m)	sleep 17
sueño (tener s.)	(to be) sleepy 19
suerte (tener s.)	(to be) lucky 19
Suiza	Switzerland 9
suéter (m)	sweater 6
supermercado (m)	supermarket 6
suplemento (m)	supplement 18
susurrar	to whisper 23
suyo/a/os/as	his, hers, theirs, yours (Vd/Vds) 14

T

talla	size 6
¿qué talla gasta?	what size do you/does he take? 6
también	also, too 3
tampoco	neither, not ... either 9
tampoco yo	nor me 9
tan	so 11
tanto	so much, so many 11
tardar en	to take time to 18
tarde (f)	late 4
por la tarde	in the afternoon, evening 5
tarjeta (f) de crédito	credit card 18
tarjeta (f) postal	postcard 14
taxi (m)	taxi 9
te	you (fam) 4
té (m)	tea 1
teatro (m)	theatre 15
temprano	early 5
tener	to have 6
tener que	to have to 24
tengo	I have 2
telefonear	to telephone 9
teléfono (m)	telephone 3
tercero	third 7
tele (f)	the TV 5
televisión (f)	television 5
televisor (m)	television set 3
temprano	early 8
terminar	to finish 5
terrible	terrible 19
tía (f)	aunt 2

tiempo	weather 9
tiempo (a t. parcial)	part-time 16
tienda (f)	shop 3
tienda (f)	tent 9
tiene	he/she has, you (Vd) have 1
tinto	red (wine) 4
tío (m)	uncle 2
tipo (m) de	kind of 6
tirar	to throw 22
tirar de	to pull 22
tobillo (m)	ankle 19
tocar	to play (instrument) 5
a/en todas partes (fpl)	everywhere 3
todo recto	straight on 7
todos	all, eveybody 4
todavía	still, yet 4
tomar	to have (to drink), to take 1
tomar una ducha (f)	to have a shower 5
tomate (m)	tomato 10
toros (mpl)	bullfight 5
tortilla (f)	omelette 10
tostada (f)	toast 10
trabajo (m)	work, job 1
traer	to bring 1
tráenos	bring us (fam) 1
tráiganos	bring us (pol) 10
traje (m)	suit 21
tranquilamente	quietly 23
tranquilo	quiet 17
trasladarse	to transfer, to move 9
treinta	thirty 10
tren (m)	train 8
tres	three 1
triste	sad 3
tristemente	sadly 23
tú	you (fam sing) 1
tu	your 1
tubo (m)	tube 10
tuerza	turn (instruction) 7
tuerzo (from torcer)	I turn 22
turista (m/f)	tourist 8
turístico	touristic, tourist (adj) 9
tuviste	you had 8
Turquía	Turkey 9
tuyo/a	yours (tú) 14

U

un/o (m)	a, an; one (m) 1
una (f)	a,an; one (f) 2
único	(one and) only 14
unos/as (mpl/fpl)	some 5
unos/as (mpl/fpl)	about 13
universidad (f)	university 9
usted (Vd Sp/Ud LA)	you (pol sing) 1
ustedes (Vd Sp/ Uds LA)	you (pol pl) 1
utilizar	to use 11

V

va	he/she goes, you (Vd) go 5
vacaciones (fpl)	vacations 9
vale/de acuerdo/está bien	OK, agreed; (vale also = "it costs") 2
valor	value 3
vamos	we go, let's go, come on 5
vaqueros (mpl)	jeans 6
varios	several, various 3
Vd = usted	you (pol sing) 1
Vds = ustedes	you (pol pl) 1
veces	sometimes 3
vecino	neighbor 11
vegetariana	vegetarian (f) 4
veinte	twenty 2
vender	to sell 21
venga	come on 7
ventana (f)	window 3
ver	to see, watch 5
verano (m)	summer 9
verdad (f)	true 6
¿(de) verdad?	really? 19
verdaderamente	really, truly 23
verde	green 3
vestíbulo (m)	lobby 3
vestido (m)	dress, frock 6
vez (f)	time (=occasion) 15
vez (alguna v.)	ever, at some time 20
veces (¿cuántas v.?)	how often? 16
vez (f)	once 16
viajar	to travel 3
viaje (m)	journey, trip 2

vida (f)	life 5
vida (en mi v.)	never in my life 20
vídeo (m)	video 16
viejo	old 13
viene (… que v.)	next (week, etc) 11
viento (hacer v.)	(to be) windy 14
viernes	Friday 5
vino (m)	wine 4
visitar	to visit 5
vivir	to live 2
volver (ue)	to return 5
volver (al v.)	on returning 18
vosotros	1 you (fam pl)
voy	I go, I'm going 5
vuelo (m)	flight 18
vuelvo	I return 5
vuestro	your (fam pl) 14

Y

y	and 1
ya	already 4
ya lo sé	I know 20
ya no	no longer 2
ya viene	here s/he comes 15
yo	I 1
yogur (m)	yogurt 10

Z

zanahorias (fpl)	carrots 10
zapatos (mpl)	shoes 6
zumo (m)	juice 1